CARMEN BIN LADIN

Un reino lejano

Mi vida con la familia Bin Ladin

CARMEN BIN LADIN

Un reino lejano

Mi vida con la familia Bin Ladin

temas de hoy. MEMORIAS

Título del original: *Inside my Kingdom*

Colección Memorias

© Carmen Bin Ladin, 2003

   Escrito en colaboración con Ruth Marshall

© de la traducción: Jorge Fondebrider, 2004

© Ediciones Temas de Hoy, S. A. (T. H.), 2004

Paseo de Recoletos, 4. 28001 Madrid

www.temasdehoy.es

Diseño de cubierta: Rudesindo de la Fuente

Fotografía de cubierta: Agencia Opale

Fotografías de interior: cedidas por la autora

Primera edición: mayo de 2004

ISBN: 84-8460-367-9

Depósito legal: M. 16.215-2004

Compuesto en J. A. Diseño Editorial, S. L.

Impreso en Artes Gráficas Huertas, S. A.

Printed in Spain–Impreso en España

ÍNDICE

NOTA DE LA AUTORA

Todos los acontecimientos de este libro ocurrieron tal como los describo. Sin embargo, he cambiado los nombres de dos queridas amigas —Latifa y Turki—, así como el nombre del padre de Latifa.

PREFACIO
UNA CARTA A MIS HIJAS

Mis queridas Wafah, Najia y Noor:

Con gran alegría y esperanza —y un poco de aprensión— emprendo la tarea de escribir la historia de mi vida. Este libro es para vosotras. Está claro que ya habréis oído algunas de mis historias y que estáis al tanto del modo de vida saudí, pero espero que este libro os ayude a comprender esa parte de vuestros orígenes que vosotras, Wafah y Najia, habéis olvidado por completo y que tú, Noor, nunca has conocido. A lo largo de los años, viendo cómo crecíais hasta convertiros en hermosos seres humanos, he llegado a la conclusión de que contaros mis experiencias personales en Arabia Saudí os permitirá comprender mejor los difíciles momentos que habéis atravesado desde que abandonamos el país.

Como sabéis, estoy convencida de que la libertad de pensamiento y la libertad de expresión son los dones más valiosos. Quiero que nunca deis por sentada esta libertad. Y quiero reafirmar lo que ya sabéis: aunque la riqueza material pueda daros placer, carece de sentido que se os regale una jaula dorada; especialmente cuando, como mujeres, no podéis hacer lo que deseáis o ser lo que queréis ser.

A pesar de que, por razones obvias, no he vuelto a Arabia Saudí en los últimos años, continúo hablando de los acontecimientos que allí, en el reino, viven mis amigos. Puedo advertir que sus vidas no han prosperado. En lo más hondo de mi corazón, estoy convencida de que mi decisión de criaros según los valores occidentales fue correcta, a pesar de que el efecto haya sido cortar los vínculos con ese país. Lo único que lamento —y que siempre lamentaré— es el precio emocional que habéis pagado. Espero que sea un consuelo para vosotras. Yo me siento honrada y privilegiada de ser vuestra madre. Sin vosotras no sería casi nada: sois la fuente de mi coraje, mi fuerza y mi voluntad.

Por encima de todo, quiero que sepáis que los pasos que he dado —ya sean correctos o equivocados— nacieron del amor que os tengo. Gracias por lo que me habéis dado, siendo vosotras mismas. Siendo vosotras.

CAPÍTULO I

Once del nueve

El 11 de septiembre de 2001 fue una de las fechas más trágicas de nuestras vidas. Destruyó las vidas de miles de personas inocentes. Privó al mundo occidental de la sensación de libertad y seguridad. Para mí fue una pesadilla llena de tristeza y horror; una pesadilla que estará conmigo y con mis tres hijas siempre.

Y sin embargo, el 11 de septiembre comenzó como un delicioso día de calor. Yo disfrutaba, en compañía de Wafah —mi hija mayor—, de un viaje sin prisa de Lausana a Ginebra, cuando un amigo que estaba en Nueva York me llamó al móvil.

—Algo terrible acaba de suceder —me dijo, con voz apremiante, desde su oficina, que estaba a unas calles del lugar del ataque—. Es increíble: un avión se ha estrellado contra una de las torres del World Trade Center.

Luego, elevando el tono de voz, gritó:

—Aguarda: hay otro avión, está yendo derecho a la segunda torre. Oh, Dios mío —dijo ahora gritando—, ¡se estrella contra la segunda torre!

Mientras describía el segundo impacto, algo en mí se quebró.

No se trataba de un accidente. Tenía que ser un ataque planificado, en un país al que siempre había amado y considerado como mi segundo hogar. Me quedé helada. Se abatieron sobre mí oleadas de horror, al darme cuenta de que tras todo el asunto estaba la sombra de mi cuñado: Osama Bin Ladin.

A mi lado en el coche, mi hija Wafah gritaba: «¿Qué? ¿Qué pasa?». Yo estaba aturdida. Me las arreglé para decir algunas palabras. Wafah vivía en Nueva York. Acababa de graduarse en la Escuela de Derecho de Columbia y había pasado el verano conmigo en Suiza. Iba a volver a su apartamento neoyorquino dentro de cuatro días. Ahora lloraba, marcando frenéticamente su móvil para llamar a todos sus amigos.

Mi primera reacción fue llamar a mi querida amiga Mary Martha a California. Tenía que oír su voz. Ella ya se había enterado del doble ataque a Nueva York. Me contó que un tercer avión acababa de estrellarse contra el Pentágono. El mundo estaba saliéndose de su eje: podía sentirlo.

Fui a la escuela donde estudiaba Noor, mi hija menor. La expresión turbada de sus ojos me hizo saber que ya se había enterado. Estaba lívida.

Corrimos a casa para reunirnos con Najia, mi segunda hija, cuando volviese de la universidad. También ella estaba desolada. Como muchos millones de personas en el mundo entero, mis hijas y yo vimos la CNN, paralizadas, llorando y llamando por teléfono a todo el mundo.

A medida que pasaban las horas, mi mayor miedo se hizo realidad. El rostro y el nombre de un hombre aparecían en todos los telediarios: Osama Bin Ladin. El tío de mis hijas. Un hombre —cuyo apellido compartían, pero al que nunca habían conocido— con valores totalmente ajenos a los de ellas. Me sentí condenada. Desde ese día cambiarían nuestras vidas para siempre.

* * *

Osama Bin Ladin es el hermano menor de Yeslam, mi marido. Es uno entre muchos hermanos, y sólo lo había conocido vagamente años atrás, cuando viví en Arabia Saudí. En esa época, Osama era un muchacho, pero siempre había tenido mucha presencia. Osama era alto, severo y su intensa devoción resultaba intimidatoria, incluso para los miembros más religiosos de su familia.

Durante los años que viví con los Bin Ladin, en Arabia Saudí, Osama llegó a representar todo lo que me repugnaba de ese país opaco y duro: el dogma inflexible que regía nuestras vidas, la arrogancia y la soberbia de los saudíes y su falta de compasión por aquellos que no compartían sus creencias. El desprecio por los extranjeros y la rígida ortodoxia me animaron durante catorce años a luchar por mis hijas y darles una vida en el mundo libre.

En mi lucha por cortar vínculos con Arabia Saudí, comencé a acumular información sobre la familia de mi marido, los Bin Ladin. Vi cómo el poder y la mala reputación de Osama se incrementaban y cómo aumentaba desde su reducto de Afganistán la furia asesina contra los Estados Unidos.

Osama era un caudillo, que ayudaba a los rebeldes afganos en su lucha contra la ocupación soviética del país. Cuando los soviéticos se fueron, Osama volvió a Arabia Saudí, su casa. Para muchos, ya era un héroe.

En 1990, cuando Irak invadió Kuwait, Osama se sintió indignado ante la idea de que las fuerzas de los Estados Unidos pudieran usar como base Arabia Saudí. Ofreció a Fahd, el rey saudí, sus guerreros afganos para luchar contra Sadam Husein. Algunos de los príncipes más religiosos pensaron que la idea de Osama tenía sus ventajas. Pero el rey Fahd se negó.

Osama comenzó a hacer discursos incendiarios contra la corrupción y la bancarrota moral de la familia saudí institutriz y contra los estadounidenses que los defendían. Finalmente, Osama se vio obligado a abandonar el país y a buscar refugio en Sudán, donde su campamento de hombres armados estaba protegido por tanques. Luego volvió a Afganistán.

En aquellos días, aunque separados, mi marido Yeslam y yo todavía nos hablábamos. Él me mantenía al corriente de lo que sucedía en Arabia Saudí y en la familia Bin Ladin, incluido el paradero de Osama. Yeslam me contó que, a pesar de su exilio, el poder de Osama iba en aumento. Decía que Osama estaba bajo la protección del muy respetado y conservador príncipe Abdallah, cabeza de la Guardia Nacional de Arabia Saudí y heredero del trono.

En 1996, cuando un camión bomba voló las Torres Jobar, cuarteles de las tropas estadounidenses en Dahran, al este de Arabia Saudí, se mencionó a Osama como posible culpable. Me quedé estupefacta, aunque sabía que podría ser cierto. ¿Quién más podría haber encontrado y empleado los explosivos necesarios en un país tan controlado? Osama era un guerrero, un fanático, el hijo de la familia propietaria de la Bin Ladin Corporation: la constructora más rica y poderosa de Arabia Saudí. Yo conocía las opiniones ferozmente extremas de Osama y, en mi interior, sabía que era capaz de una violencia terrible y ciega.

Cada vez que se producía un nuevo ataque, leía todo lo que caía en mis manos sobre Osama. El 9 de septiembre de 2001, cuando llegó la noticia del ataque contra el jefe afgano Ahmed Shah Massoud, me di cuenta de que era obra de Osama. Miré la televisión con una sensación de repugnancia.

—Ése es Osama. Se está preparando para algo espantoso.

—Carmen, estás obsesionada —se burló un amigo mío. Pero yo lo sabía.

Ojalá me hubiese equivocado.

Jamás creí que Osama estuviese planeando un ataque contra el corazón de Nueva York. Pensé que, como mucho, sería en una embajada; con eso hubiera bastado. Pero cuando el World Trade Center se desplomó en llamas, apenas dos días después de la muerte de Massoud, volví a tener esa sensación de náuseas en el estómago. El miedo.

Ahora sé que nunca me abandonará.

En los días siguientes al atentado del World Trade Center, nuestras vidas giraron alrededor de los telediarios. Mientras el polvo se asentaba en las calles de la ciudad favorita de mis hijas, el número de víctimas iba en aumento. Vimos a la gente buscando a los desaparecidos, llevando en las manos viejas fotografías y contando a los periodistas los últimos mensajes telefónicos dejados en los contestadores antes de morir. Estaban esas espantosas fotos de la gente que saltaba. Pensaba: «¿Qué habría pasado si Wafah hubiese estado allí?». Me sentí muy triste por esas madres, por esos hijos.

Mis tres hijas estaban consternadas y llenas de dolor y perplejidad. Noor, que apenas hacía un año había traído una bandera norteamericana de Carolina del Sur para ponerla en su dormitorio, se hundió abatida. Sollozaba diciéndome: «Mami, Nueva York nunca volverá a ser lo mismo». Afortunadamente, nunca se convirtió en el blanco de la hostilidad de sus compañeros de clase: sus alegatos pro-estadounidenses habían hecho que fuese objeto de bromas amigables durante años, de manera que todos sus amigos advirtieron lo verdaderamente herida que se sentía.

Apenas salíamos de casa. Los periodistas llamaban constantemente: yo era la única Bin Ladin que tenía en Europa un número de teléfono declarado. Llamaban los amigos, con voces tensas. Luego, dejaron de llamar. Rápidamente nos convertimos en *personae non grata*. El apellido Bin Ladin asustaba incluso a los profesionales más curtidos. Un bufete de abogados se negó a llevar mi divorcio; de pronto no tenía abogado.

De todas nosotras, la que más afectada se vio por el sufrimiento de las víctimas del World Trade Center fue Najia. No soportaba ver la televisión. Su apellido estaba en boca de todos: eso resultaba difícil de soportar a una persona tan discreta. Najia es, quizás, la más discreta de mis hijas. No demuestra fácilmente sus sentimientos, pero podía ver que estaba conmocionada.

Lo que resultaba horriblemente irónico era que mientras nosotras nos identificábamos con las víctimas y sentíamos una pena enorme por ellas, el resto del mundo nos considerara como agresoras. Estábamos atrapadas en una situación kafkiana, sobre todo Wafah.

Tras cuatro años en la Escuela de Derecho, su vida estaba en Nueva York. Su apartamento se encontraba apenas a unas manzanas del World Trade Center. Se pasaba el día hablando de sus amigos de allí. Creía que debía estar en Nueva York y quería coger un vuelo de vuelta inmediatamente.

Entonces un periódico publicó que Wafah había sido avisada: decían que había huido de Nueva York pocos días antes del ataque. Era falso. Wafah estaba conmigo en Suiza desde junio. Pero otros diarios se hicieron eco de la noticia. Dijeron que Wafah estaba al tanto del ataque de antemano y que no hizo nada por proteger a la gente y al país que ella amaba.

Un amigo de Wafah que estaba viviendo en su apartamento de Nueva York llamó: había empezado a recibir amenazas de muerte. Se trataba de una reacción comprensible, ¿cómo podrían distinguir los extranjeros entre un Bin Ladin y otro?

Comprendí que no tenía elección. Era la única que podía defender a mis hijas. Hice unas declaraciones públicas diciendo que mis tres hijas y yo no teníamos ninguna relación en absoluto con ese perverso y salvaje ataque a los Estados Unidos, un país que amábamos y cuyos valores compartíamos y admirábamos. Fui a televisión. Escribí a los periódicos para manifestar nuestro pesar. La única prueba que podía ofrecer de nuestra inocencia era la larga batalla librada para liberarnos a mí y a mis hijas de Arabia Saudí. Eso, y nuestra buena voluntad, y el dolor que sentíamos por las víctimas de Osama.

Había suspirado tanto por poner fin a la amarga lucha contra los Bin Ladin y su país. Pero ahora me enfrentaba a una lucha completamente nueva. Debía guiar a mis hijas a través de la angustia que sentirían al ver su apellido transformado en sinónimo de maldad, infamia y muerte.

Mi vida privada se había convertido en una historia pública.

* * *

Irónicamente, sólo después del 11 de septiembre, mis catorce años de lucha para liberarme de Arabia Saudí cobraron sentido ante quienes me rodeaban. Antes, creo que nadie —ni los tribunales, ni el juez, ni mis amigos— entendía realmente lo que estaba en juego. Hasta en Suiza, mi propio país, se me consideraba más o menos como otra mujer en un desagradable divorcio internacional.

Pero siempre supe que mi lucha iba mucho más allá. Estaba luchando para liberarme de una de las sociedades y de una de las familias más poderosas del mundo; para rescatar a mis hijas de una cultura despiadada que les negaba sus derechos más básicos. En Arabia Saudí ni siquiera podían caminar solas por la calle, por no hablar de elegir el camino que quisieran seguir en sus propias vidas. Luchaba para liberarlas de los valores fundamentalistas de la sociedad saudí y de su desprecio por la tolerancia y la libertad occidentales; aspectos que había aprendido a valorar en toda su magnitud.

Me temo que ni siquiera hoy en día Occidente entiende plenamente a Arabia Saudí y su rígido sistema de valores. Viví allí nueve años, en el interior del poderoso clan Bin Ladin, con sus complejas vinculaciones a la familia real. Mis hijas fueron a escuelas saudíes. En gran medida, viví la vida de una mujer saudí. Y con el tiempo, aprendí y analicé los mecanismos de esa sociedad oscura, así como las duras y amargas reglas que les impone a sus hijas.

No podía quedarme callada mientras las mentes brillantes de mis hijas se extinguían. No podía permitir que se sometieran a los valores de Arabia Saudí. No podía soportar que fueran tildadas de rebeldes por los valores occidentales que yo les había enseñado, con el consiguiente castigo que eso pudiera traerles. Y en el caso de que acataran las leyes de la sociedad saudí, no podía aceptar la idea de que mis hijas pudieran llegar a ser como esas mujeres sin rostro ni voz entre las que yo vivía.

Por encima de todo, no soportaba que a mis hijas se les negara lo que yo más valoraba: la libertad de elegir. Tenía que liberarlas y liberarme.

Ésta es mi historia.

CAPÍTULO II

Un jardín secreto

El año en que conocí a mi marido, Yeslam, había en el aire una sensación de despreocupación. Era 1973 y en el mundo mandaban los jóvenes. Yo era sociable y extrovertida, y hacía un par de años que había salido del colegio. Pero ese verano, mientras buscaba el camino de mi vida, me sentía un tanto perdida. Me interesaba el derecho; quería defender a los indefensos. Quería viajar y tener aventuras; quería darle a mi vida un sentido. Pero mi madre —que procedía de una aristocrática familia persa— se empeñaba en que me casara convenientemente.

Mis tres hermanas y yo a menudo nos apiñábamos en uno de nuestros dormitorios, en casa de mi madre, a las afueras de Ginebra, para escuchar discos de los Beatles y hablar de nuestro futuro. Yo era la mayor y, supongo, la que más hablaba. En aquella época, yo insistía en no casarme con nadie del Oriente Próximo, como mi madre quería. Me atraía más la vida de los norteamericanos que, de niña, había visto en el Club Americano, cerca de la casa de mi tía abuela en Irán. Sus vidas parecían valientes, modernas, libres. Conducían jeeps, usaban jeans, comían hamburguesas. Por su parte, la gente de Oriente Próximo vivía vidas cerradas, cubiertas por capas de tradición y secreto, donde las apariencias parecían más importantes que los deseos.

Era suiza: nacida en Lausana, de padre suizo y madre persa. Los Sheibany —la familia de mi madre— eran cultos y aristocráticos. De pequeña, casi todos los años mi madre nos llevaba a Irán para que pasáramos unas largas vacaciones. Irán me encantaba: la comida picante tan aromática; lo que parecían hectáreas de rosas, cuidadas por jardineros invisibles en el jardín vallado de mi abuela; y la majestuosa y antigua mansión donde había crecido mi madre, con su cuarto de baño de azulejos celestes oscurecidos por el vapor, la enorme biblioteca de libros antiguos, los postigos de las celosías, las alfombras ricamente coloridas y las delicadas antigüedades.

Cuando era pequeña, pensaba que Irán era un país especial, de escenarios y colores intensos. Los meses que pasábamos allí me encantaban. Mi abuela me trataba como a una princesita. Yo la adoraba y sabía que ella me adoraba.

Una vez, con siete u ocho años, mi madre ofreció una fiesta en la casa de mi abuela. Estaban todos los amigos con los que ella había crecido: escritores muy conocidos e intelectuales de familias antiguas, que compartían el aristocrático desdén de mi abuela por el advenedizo Sha. Sus conversaciones estaban muy por encima de mis posibilidades, pero la atmósfera era fascinante. Cuando llegó el momento de ir a la cama, me negué de lleno a subir a mi cuarto.

—Viene papá —insistía yo, aunque mi madre me decía una y otra vez que estaba en Suiza, muy ocupado. Esa noche hice trizas la paciencia de mi madre. Entonces, justo cuando estaba por rendirme e irme a la cama, mi querido padre entró por la puerta de la casa.

No había telefoneado previamente: de manera impulsiva había cogido un avión. Yo me sentía rebosante de alegría y perversamente triunfante.

Cuando mi abuela comprobó que era imposible que me hubiera enterado con antelación de la llegada de mi padre, se inclinó y me abrazó mientras me miraba a los ojos.

—Carmen —me dijo—, eres muy especial. Nunca lo olvides. Todo niño debería sentirse como yo me sentí esa noche.

Mi abuela tenía una piscina, y mi apuesto y encantador padre suizo, para nuestro horror y deleite, solía zambullirse en ella, lanzándose desde el piso de arriba. Una vez, mi hermanita Béatrice, que era muy pequeña, se cayó en la piscina, y mi madre, engalanada con un elaborado vestido de seda rosada, con un talle ceñido y una amplia falda, se arrojó al agua para salvarla. La falda se le infló como un paracaídas. Incluso hoy puedo ver a mi madre emergiendo con mi hermanita en brazos, totalmente vestida, con el agua chorreándole por la ropa, pero, a pesar de todo, aún impecable.

Yo era una niña curiosa y, como muchos niños, podía darme cuenta de la importancia de las conversaciones de los adultos, aun cuando los detalles estuvieran muy por encima de mis posibilidades de entendimiento. Me encantaba oír las discusiones políticas. Hasta donde puedo recordar, toda mi vida he querido analizar lo que ocurría a mi alrededor, aun cuando eso estuviese más allá de mi comprensión.

A los siete años, la casa de mi abuela se alborotó cuando Abbas, un primo de mi madre, fue arrestado y torturado por la temida SAVAK, la policía secreta del Sha. Lo acusaban de ser miembro del partido comunista Tudeh.

Ese verano, el éxito que se oía en la radio era *Marabebous,* una canción sobre un hombre sentenciado a muerte, al que su hija pedía un último beso. Llena de pena, ponía esa canción una y otra vez. Quería saber por qué ese hombre tenía que morir. Me preguntaba si el primo de mi madre también iba a morir. ¿Qué había hecho? Supongo que ésa fue la primera vez que me di cuenta de que alguien, por sus creencias, podía pagar con su vida.

Irán era mi jardín secreto, algo que me hacía diferente de las otras muchachas suizas de nuestra escuela en las afueras de Lausana. Pero cuando cumplí los nueve años, mi madre, repentinamente, cortó todo vínculo con Irán. Mi padre la había abandonado y ella no quería admitirlo. Si reconocía que su matrimonio había fracasado, quedaría mal ante sus parientes. En lugar de decir la verdad, renunció a todo contacto cercano con su propia familia.

Durante mucho tiempo mi madre ni siquiera nos dijo a nosotras, sus cuatro hijas, que ella y mi padre se estaban separando. Nos contó que estaba lejos, ocupado. Mi intuición me decía otra cosa, pero yo sabía que ése era el modo en que vivía mi madre: si algo era desagradable, lo evitaba, lo negaba, lo suprimía. Si uno no hablaba nunca de eso, la cosa no existía. Lo importante era quedar bien.

Después de que mi padre nos abandonara, mi madre nos crió sola, con la ayuda de una institutriz. Durante años no tuve el menor contacto con mi padre y nadie me explicó las razones. Aprendí a no preguntar. Desde niña vi que tenía que vivir entre dos culturas, dividida por Irán, entre las estrictas reglas de comportamiento de mi madre y la escuela local suiza a la que asistía. El hogar era un lugar extraño y silencioso, donde no se hablaba de lo que importaba.

Sabía que mi madre era musulmana, porque su padre también lo había sido (en el islam, uno adopta las creencias del padre). Pero mi madre se lo tomaba con calma. No practicaba su fe de manera ostensible. La vi orar un puñado de veces, aunque no inclinada o de rodillas en dirección a La Meca. Si quería orar, muy bien podía entrar tanto a una iglesia como a una mezquita. No ayunaba durante el mes de Ramadán, ni usaba velo. Muy de vez en cuando vi a mi abuela llevar uno: cuando ordenaba matar ovejas para repartir su carne como limosna a los pobres. Ser musulmán parecía natural, si se era del Oriente Próximo. Pero eso no obligaba a que ni mi madre ni nosotras siguiéramos ningún estilo de vida reglamentado.

Lo que restringía nuestras vidas de muchachas suizas era el sentido del decoro de mi madre. No había juegos bruscos ni vestidos arrugados, no había fiestas hasta tarde ni citas. Como todas las adolescentes, aprendimos a burlar esas reglas estrictas; nosotras no éramos ángeles y ella nunca nos encerró. A pesar de que para ella era importante que siguiéramos con nuestros estudios, su meta final para nosotras era la boda.

Mi madre intentaba controlar cada detalle de nuestra existencia. Hasta que fui más grande, y me rebelé abiertamente, nuestra madre nos vestía a las cuatro exactamente igual, con cintas en las trenzas.

—Puedes estar muy elegante, pero si tienes una sola mancha, no eres nadie —nos decía. Para mi madre el decoro era vital.

Siendo adulta, un primo de mi madre me contó la historia de la boda de mis padres. Mi madre había ido a Lausana para estudiar y allí conoció a mi padre. Se fugaron a París y, cuando volvieron, estaban casados: no hubo nada que su familia pudiese hacer. En el fondo, era ese tipo de persona: impetuosa y rebelde; el tipo de mujer que llamaría a sus hijas Carmen, Salomé, Béatrice y Magnolia. Mi madre dejó su país, se fugó con el hombre que eligió, condujo un auto. En cierto sentido, mi madre fue una pionera.

Pero luego reprimió su personalidad; tal vez porque su matrimonio había fracasado. Mientras crecíamos, mi madre parecía preocupada solamente por lo que pensaría la gente. Insistía en criar a sus hijas dentro de las convenciones de las que ella había huido. No podía admitir que mi padre la hubiera dejado por otra porque, si su matrimonio fracasaba, eso demostraría a su propia madre que su huida había sido un error.

Para mí eso significaba ser del Oriente Próximo. Vivir entre secretos. Esconder lo desagradable. Someterse a las convenciones de la sociedad. Quedar bien podía justificar la deshonestidad. Sólo importaban las apariencias.

Mi personalidad era distinta. Para mí la verdad era importante. Y no me gustaba someterme. En lugar de acatar las reglas de mi madre, comencé a enfrentarme a ella con insolencia. Recuerdo haberle dicho que no me implicara en situaciones en las que tuviese que mentir. Quería forzarla a que aceptara la realidad de mi carácter.

En la preparatoria, tanto mi hermana Salomé como yo empezamos a fumar. Mi madre se ofreció a comprarnos lo que quisiéramos si dejábamos de fumar. Salomé quería un coche, así que mi madre le compró un Fiat. Luego Salomé siguió fumando, en secreto.

Mi madre me llevó a una peletería y me hizo probarme un abrigo de leopardo. Me dijo:

—Prométeme que nunca más fumarás un cigarrillo. Te lo compraré ahora mismo.

Yo lo deseaba, ansiaba ese abrigo, pero no quería prometer lo que sabía que no iba a cumplir.

Cuando me hice adulta, me sentí moralmente confundida, dañada por las contradicciones que había entre mi educación y mi personalidad. Vivía en Occidente. Era impetuosa, impulsiva. Anhelaba ser libre. Pero buena parte de mis orígenes se apoyaban en las convenciones de la cultura del Oriente Próximo, donde las reglas del clan son más importantes que la personalidad. En Oriente Próximo uno nunca se desarrolla como individuo. Tal vez uno escape de esas tradiciones por un breve lapso, pero luego esas reglas terminan atrapándote.

Sabía que tendría que decidir por mí misma qué camino tomar. Pero tenía muy poca experiencia y hacerlo sola me confundía. Esperaba ayuda, algún tipo de señal.

CAPÍTULO III

Enamorarse

Cuando conocí a Yeslam, no tenía idea de que ese hombre cambiaría mi vida para siempre. Era primavera y ese año había muchos saudíes en Ginebra. Mis hermanas y yo planeábamos visitar a mi abuela en Irán, de manera que mi madre acordó alquilar en verano un piso de la casa a una familia saudí de vacaciones en Europa. Ese joven y delgado saudí, vestido de negro de la cabeza a los pies, había venido para firmar el contrato. Le eché una mirada; me sonrió educadamente.

Entonces mi abuela se lastimó la pierna y el viaje a Irán se canceló. Era demasiado tarde para anular el alquiler. De modo que mis hermanas y yo alternamos entre un apartamento en Lausana y la casa de mi madre, donde se hospedaban los saudíes.

La madre de Yeslam era iraní, como la mía: una mujer de voz suave, con una cara redonda y agradable, y cabello teñido de negro. Hablábamos en persa. Ibrahim y Jalil, los hermanos menores de Yeslam, tenían peinados afro y zapatos de plataforma. Fawzia, la hermana menor, parecía una adolescente europea, con blusas ceñidas al cuerpo, cabello largo y ondulado y gafas de sol. Y luego estaba Yeslam.

Yeslam me intrigaba. Era tranquilo, pero tenía una imperiosa autoridad natural. Era delgado, de piel bronceada, apuesto. No hablaba mucho, pero sus ojos eran penetrantes. Y, por lo general, me miraban.

Poco a poco comenzamos a hablar en inglés. Las charlas se transformaron en largas conversaciones. A medida que transcurría el tiempo, Yeslam parecía más atento. Empezó a pedirme que los acompañara a él y a su familia en sus viajes por los alrededores. Yeslam estaba como loco con sus dos doberman. Tenía 24 años y era un poco mayor que yo y mis amigos, y muy distinto. Yeslam se comportaba como un adulto. Hacía lo que quería. Era responsable y el liderazgo le resultaba natural. Para todos —incluida su madre, sus hermanos y hermanas—, la palabra de Yeslam era ley. Hasta mi madre comenzó a aceptar sus decisiones.

Ahora puedo ver que la autoridad natural de Yeslam provenía de la cultura saudí en la que había crecido, donde el hijo mayor es el que impone el modo de actuar de su clan. Pero en ese entonces yo sólo veía a un hombre que me cortejaba, que era exótico y bello, y cuya compañía llegó a parecerme fascinante.

Yeslam era tranquilo y perspicaz. Tenía una mente aguda y una voluntad poderosa. Y recordaba cada detalle de todo lo que yo decía. Me entendía. Parecía necesitarme. Llegué a sentir que yo era la única persona en el mundo en quien confiaba. No hay un momento del que pueda decir que, de pronto, quedé prendada de él. Pero me enamoré.

Con el transcurrir del verano, Yeslam y yo comenzamos a buscarnos a diario. Pasamos juntos cada momento libre. Yo acababa de encontrar los papeles del divorcio de mis padres y leer toda esa historia me había resultado desolador. Vi a mi padre bajo otra luz. Mi apuesto, dominante y encantador papi, a quien tanto añoraba, era pequeño, mezquino, tacaño. Según parecía, mi madre me había ocultado muchísimas cosas; cosas importantes, que yo sentía, merecía saber.

Lloré en el hombro de Yeslam y le dije que nunca podría casarme porque no querría que mis hijos fueran abandonados por su padre, tal como el mío (nos) había hecho. No quería que ninguno de mis hijos sufriera nunca por un divorcio amargo como el de mis padres. Yeslam me consoló. Sentí que me entendía. Con Yeslam me sentía segura.

Yeslam tenía modales elegantes. Una noche, cuando intentó enseñarme a conducir en su Porsche, choqué contra el portón de la casa de mi madre. Pensé que se enfadaría, pero no pareció importarle; se limitó a sonreír.

—Eres una conductora peligrosa —me dijo. A Yeslam le gustaba su flamante auto, pero esa noche me di cuenta de que yo le gustaba todavía más.

Conducir era una de las pasiones de Yeslam. En Suecia había aprendido a conducir coches de carreras. Pasamos tardes enteras juntos, yendo a toda velocidad por las montañas suizas, atronando a la gente con Schubert en el equipo del coche.

Al principio de nuestro romance, consideraba a Yeslam sólo como un muchacho con el que salía y no como un posible pretendiente. Una de las cosas que más me atraía en Yeslam era que parecía muy independiente (y yo también quería serlo). Me encantaba hablar con él. Cuando se enfurruñaba me volvía loca. Nunca me reñía, pero si pasaba demasiado tiempo hablando con mis amigas, se quedaba callado e inmediatamente me sentía culpable. Quería toda mi atención, todo mi tiempo. Era muy reservado con todos, salvo conmigo. Le encantaba que yo fuese sociable, pero no quería sentirse incómodo. Yo entendía que había límites. Extrañamente, su sentido de la posesión me halagaba. Me hacía sentir segura.

Nuestra relación estaba resultando algo más que un romance de verano. Yeslam comenzó a incluirme en su vida privada, presentándome a su enorme familia. Me dijo que tenía veinticuatro hermanos y veintinueve hermanas. Ni siquiera podía imaginarme qué significaba eso en términos prácticos, y supongo que mi sorpresa se reflejó en mi cara, porque Yeslam me aseguró que la suya era una familia inusualmente grande, incluso para los promedios saudíes.

Conocí a Salem, el hermano mayor de Yeslam, cuando pasó por Suiza. Me impresionó lo abierto y sociable que era, comparado con Yeslam. Salem era muy cómico, se reía mucho y tocaba *Oh, Susana* en la armónica. En comparación con Yeslam —que era tan discreto— parecía muy occidentalizado. Pero también pude ver que había una compleja lucha de poder que subyacía en la relación entre ambos.

Aunque no debía de tener más de 30 años, Salem mantenía una actitud casi paternal hacia Yeslam, y a éste le molestaba.

—Salem cree que sólo por ser el cabeza de familia estoy a su cargo —me dijo Yeslam, con fastidio apenas contenido—. Pero yo no necesito su autorización.

Según parecía, compartíamos una pelea: yo, con mi madre; Yeslam, con su hermano.

Una tarde, a finales de verano, paseábamos con sus perros por el jardín de mi madre y empezamos a hablar del futuro. Yeslam dijo que quería volver a Arabia Saudí y criar dobermans. Me pareció ridículo. Veía un gran potencial en Yeslam; sentía que era excepcional. Le dije que era demasiado inteligente para conformarse con eso, que debía ser más ambicioso. Debía seguir estudiando y hacer algo con su vida. Yeslam contestó:

—Lo haré, pero sólo si te casas conmigo.

Fue como un desafío, una especie de reto. Y, en cierto modo, lo sentí como una llamada. También Yeslam esperaba a alguien que le mostrara su camino. De modo que supe que no era broma: hablaba en serio.

Me reí y le dije que iba a pensarlo. Pero ambos sabíamos que yo diría que sí.

Yeslam se quedó en casa de mi madre hasta que acabó el verano. Ahora era mi prometido, lo que significaba que yo era adulta; es decir, libre. Había un hombre en la familia y, como no habíamos tenido uno en muchos años, a mi madre le encantaba. Creo que, de algún modo, sentía que su hija rebelde ya era responsabilidad de otro. Ya no me interrogaba sobre adónde iba cuando salía, ni me exigía que volviese a horas establecidas.

Salíamos por la noche de copas como cualquier joven pareja de Suiza. Yeslam era un buen bailarín, pero no tan llamativo como Salem. Yeslam me advirtió que no bailara con Salem si éste me lo pedía. Fue una de mis primeras tomas de contacto con las muchas y curiosas reglas de Arabia Saudí: si una baila con otro hombre —aunque se trate del hermano del novio— se nos pierde el respeto.

Nuestra primera discusión tuvo lugar en la estación de trenes de Lausana. Quería comer algo y había una larga cola para comprar bocadillos. Yeslam fue derecho hasta el vendedor; el hombre, de manera más bien brusca, le ordenó que se pusiera en la cola. Yeslam hizo algo inesperado: arrojó su billete de 100 francos suizos sobre el mostrador y se alejó. Que Yeslam se hubiese puesto delante de la cola podía ser normal: tal vez no había entendido que la gente estaba esperando. Pero que tirara todo ese dinero y se fuera… Fue muy extraño.

Más tarde le dije que no había entendido su reacción; que, para mí, era como si hubiese recompensado al hombre por su rudeza. Pero Yeslam no podía tolerar que un extraño le dijera qué hacer. No se iba a someter y volver a la cola; tampoco le iba a gritar al hombre. Le arrojó el dinero para demostrarle su desprecio. Para Yeslam, era algo lógico. Sin embargo, era la primera vez que su comportamiento me parecía desconcertante.

En noviembre, Yeslam me llevó al Líbano, la patria de Jalil Gibran, uno de mis filósofos favoritos. Su libro *El Profeta* había sido compañero constante durante mi adolescencia. Fue algo fantástico, como un cuento de hadas.

Yo era una mujer adulta y viajaba con el hombre que me amaba. Para mí, Líbano era parte del mundo árabe, una civilización de visionarios y de sabios que habían descubierto los secretos de las estrellas y de las matemáticas. Beirut, antes de la guerra civil, era como la Arabia de *Las mil y una noches*: la opulencia, los colores, los olores y, por encima de todo, la luz naranja y amarilla del Mediterráneo. Yeslam estaba siempre atento. Nos quedábamos despiertos hasta tarde, comíamos lo que nos gustaba y hacíamos lo que queríamos. Estar enamorada era maravilloso. Me daba una nueva perspectiva de mi vida.

Parecía que, a todos lados adonde íbamos, había más hermanos de Yeslam. En Líbano nos encontramos a Alí y Tabet. Físicamente eran muy distintos. Alí era alto, muy del tipo de Oriente Próximo: su madre, libanesa. La madre de Tabet era etíope: él era negro. Sólo en ese momento me di cuenta de que el padre de Yeslam tenía veintidós esposas. En vez de advertir las implicaciones, decidí considerar el asunto como un telón de fondo exótico. Estaba enamorada y ese laberinto de lazos familiares era sólo otra parte borrosa de mi maravilloso romance.

Fuimos a Irán, donde pasamos tres días con algunos de los parientes de mi madre (aunque no con mi abuela; estaba siendo tratada en los Estados Unidos). Allí se me cayó la venda de los ojos. De niña, durante las vacaciones, había visto mendigos en las calles: a menudo se presentaban en el barrio de mi abuela, buscando sobras de comida o ropa vieja. Uno de mis tíos siempre desestimaba nuestra compasión:

—Oh, no os preocupéis; tienen dinero pero no quieren trabajar.

Pero cuando Yeslam me llevó a una tienda de alfombras en Teherán, vi una injusticia terrible. Niños y viejos se encorvaban bajo el peso de las alfombras. Deberían de estar en la escuela o en su casa; parecían demasiado débiles para estar trabajando. Sin embargo, iban cargados como burros. ¡Mi vida había estado tan protegida! Jamás había visto cosa semejante. Comencé a llorar.

Yeslam me llevó de vuelta al coche. Nuestro conductor intentó consolarme. Dijo:

—¿Usted cree que esa gente es pobre? Tienen suerte, tienen trabajo. Puedo llevarla a un lugar donde las familias viven en pozos cavados en la tierra.

Eso fue todavía peor: estaba desconsolada. Ni siquiera Yeslam podía reconfortarme. Me di cuenta de que el Irán de mi niñez había sido una ilusión, basada en una dura realidad que nunca había visto. Mi vida se había edificado sobre secretos y espejismos.

Más adelante, cuando imaginé que Arabia Saudí se parecería a mis recuerdos infantiles de Irán, me engañaría por segunda vez.

Todavía dudaba si casarme con Yeslam. Yo era joven y tenía muy fresco el amargo ejemplo de mis padres. El matrimonio me aterraba. Pero le habíamos contado a mi madre nuestros planes. La máquina había comenzado a rodar y su marcha me arrastraba.

En diciembre de 1973 volamos juntos a Estados Unidos para matricularnos en la universidad. Estados Unidos era emocionante. Mis sueños infantiles hechos realidad. Las personas vivían de un modo despreocupado. Parecían menos atadas a las convenciones. Me encantaban los grandes espacios, el modo de vida, la sensación de libertad: la increíble sensación de entrar en el futuro.

Estados Unidos parecía la tierra de las oportunidades. No sólo para estudiar: a Yeslam y a mí, ese país increíblemente abierto también nos ofrecía la oportunidad de hacer negocios. Durante nuestra primera visita al campus de la University of Southern California, en Los Ángeles, conocimos a Jerry Vulk, director de los estudiantes internacionales. (Había notado rápidamente que éramos extranjeros. Eso nos dijo más tarde. Mi falda y mis tacones altos y el traje europeo de Yeslam nos delataban a una milla de distancia.) Jerry nos lo mostró todo. Decidimos empezar las clases inmediatamente, en el semestre que comenzaba en enero. Yeslam estudiaría económicas, yo mejoraría mi inglés.

Luego volvimos a Ginebra, para pasar nuestra primera Navidad juntos con mi familia. Yeslam parecía completamente feliz. Aunque mi madre era iraní y musulmana, no se escandalizó en absoluto de que mi familia tuviera un árbol de Navidad y regalos; es decir, que celebrásemos lo que, al fin y al cabo, era una festividad cristiana.

Un par de semanas después de que comenzara nuestro primer semestre, conocimos a Mary Martha Barkley, la mujer de Jerry. Era su cumpleaños (desde ese momento siempre se referiría a nosotros como su regalo de cumpleaños). A veces, en la vida, conocemos a alguien con quien conectamos inmediatamente; para mí, así fue con Mary Martha. Era una verdadera dama, alta, con cabello oscuro y ojos azules: toda una belleza. Cuanto más veía a Mary Martha, mejor me caía. Sabía moverse, tenía sentido del estilo, y derrochaba calidez. Era amable. Mary Martha nos ayudó a encontrar una casa de alquiler; fue el primero de una larga serie de gestos atentos y amables. Nos adoptó.

Mary Martha se convirtió en mi mentora. Era mi ideal de estadounidense. Su ejemplo me ayudó a atar cabos sueltos sobre mi personalidad; me ayudó a convertirme en la adulta que aspiraba a ser. Observando a Mary Martha, sentía que las piezas del rompecabezas de mi educación encajaban. Me encantaba su modo de ser: independiente, pero tierna; optimista y divertida, elegante y directa. Me fascinaba la manera en que se relacionaba con sus hijos adolescentes, enseñándoles a ser fuertes y sinceros. Mary Martha era una madre extremadamente entregada —se despertaba todos los días a las cuatro de la mañana para llevar a su niño a las prácticas de natación—, y sin embargo nunca presionaba a sus hijos para que actuaran en contra de sus deseos.

Así criaría yo a mis propios hijos: haciendo que fueran ellos mismos. Mary Martha nunca me juzgó, ni pensó en dirigir mi vida como había hecho mi madre. Ella y yo nos hicimos más que amigas;

establecimos un vínculo profundo y duradero. La admiraba más que a nadie en el mundo y nunca me defraudó. Para mí, en los años que siguieron, fue como una madre: mi madre estadounidense.

Uno de mis compañeros en clase de inglés era saudí. Se llamaba Abdelatif. Cuando se enteró de que estaba comprometida con Yeslam Bin Ladin se quedó mudo. Un día, vino y me dijo formalmente que había conocido al padre de Yeslam, muerto en 1967. En el otro extremo del mundo, Abdelatif fue la primera persona que me habló de la multitud de leyendas sobre el jeque Mohamed Bin Ladin. Abdelatif me contó que su propio padre había trabajado para el jeque Mohamed en Jeddah; de hecho, como casi todo el mundo. El jeque Mohamed —dijo Abdelatif— había empezado sin nada y terminó fundando una de las más poderosas empresas de construcción del Oriente Próximo. El jeque había construido los palacios de reyes y príncipes, y rehabilitado los lugares santos del islam. Era un gigante entre hombres; un héroe que se deslomó más que cualquier otro. Era honesto, pío, querido por todos los que lo conocieron. Y yo estaba enamorada de su hijo.

Invitamos a Abdelatif y a su esposa a cenar. Más adelante, ella me enseñaría a cocinar comida saudí (todavía hago algunas de esas recetas —sambousas, carne picada dentro de una masa, sigue siendo el plato favorito de mis hijas—, pero no soy una experta cocinera). Ese año también comimos mucha comida preparada. La mujer de Abdelatif era joven, pero se vestía recatadamente, como una señora mayor, con faldas largas y sin gracia. Siempre llevaba alrededor del rostro un pañuelo ajustado. Era muy reservada. Conmigo Abdelatif parecía más bien tímido, especialmente en clase, cuando Yeslam no estaba. Nunca me miraba a los ojos.

Pensé entonces que era por la vinculación con los Bin Ladin. Sólo mucho después me di cuenta de que era porque no se le permitía mirar de frente a una mujer que perteneciera a otro saudí.

Pero en esos días despreocupados Arabia Saudí estaba muy lejos. Yeslam había dejado su país muy joven: tenía sólo seis años cuando el jeque Mohamed lo mandó a un colegio en Líbano y, luego, a Inglaterra y Suecia. Después de eso, apenas había estado en su casa de vacaciones. Yo no pensaba vivir en la lejana Arabia Saudí. Y en Estados Unidos éramos felices. Sentía que Yeslam estaba construyendo nuestro futuro en ese país maravilloso y libre que estábamos descubriendo. Ahora, Estados Unidos era nuestro hogar.

Y si alguna vez el destino de Yeslam lo llevaba a Arabia Saudí, que así fuera. Seríamos pioneros. Finalmente había encontrado mi misión en la vida. El jeque Mohamed, el padre de Yeslam, había transformado el reino de Arabia Saudí: de caminos de arena para camellos a torres y aeropuertos. Yeslam, con mi ayuda, podría hacer que creciera más y se transformara en una sociedad moderna.

En aquellos días no tenía miedo ni me sentía limitada. En Yeslam había encontrado al compañero de mi vida y creía que podía enfrentarme al mundo. Mi temeridad no conocía límites. Yo no sabía nada.

CAPÍTULO IV

Mi boda saudí

Tenía una piedrecita que recogí de la tumba de mi abuela en Irán. La dejaba en el tocador, engarzada en una cadena de plata. Sólo era un pedacito de grava, pero lo guardaba como un tesoro. El día que la recogí, de pie ante su tumba con Yeslam, necesitaba que me aconsejaran. Fue como si le preguntara a mi abuela: «¿Debo casarme con este hombre?». La piedra llegó a ser una especie de símbolo de mi relación con Yeslam. Una mañana de abril en nuestra casa de Los Ángeles, me di cuenta de que no tenía mi piedrita.

—Listo —le anuncié a Yeslam—. Significa que no nos podemos casar.

Yeslam se lo tomó muy en serio. Sabía ser encantador. Buscó por todos lados —hasta vació la basura— y luego, triunfalmente, descubrió mi piedra preciosa en la parte de atrás del tocador.

—Ahora tienes que casarte conmigo —alardeó.

Fue entonces cuando me di cuenta de lo mucho que yo significaba para Yeslam. Realmente quería que me casara con él.

Mi madre presionaba para que le diésemos una fecha de boda. Yeslam le gustaba; creo que confiaba en que él pudiera atemperar mi carácter impetuoso. Y estaba muy ansiosa por tener nuevamente un hombre en la familia. De modo que Yeslam y yo finalmente decidimos que, cuando llegaran las vacaciones, yo regresaría a Ginebra mientras que él iría a Arabia Saudí y así podríamos casarnos antes de que terminase el verano. Los saudíes pueden casarse con extranjeros sólo si el rey les da su permiso y Yeslam tenía que ir a pedir la autorización.

Yo quería casarme en Ginebra, con toda mi familia y amigos. Pensé que la familia de Yeslam podría viajar. Pero cuando Yeslam volvió con la autorización real, me dijo que quería casarse en Jeddah, el hogar de su familia; demostrarles a todos que el rey estaba oficialmente de acuerdo en que Yeslam se casara conmigo, una extranjera. Yeslam me dijo que la gente podía no respetarme demasiado si nos casábamos en otro país. Nuevamente, ahí estaba esa singular necesidad de ganarse el respeto con ritos extraños, casi feudales. Me sorprendió que el permiso oficial del rey me hiciera más digna de respeto. Parecía divertido, no amenazador.

Yeslam me contó que ya estaban en marcha los preparativos de la boda de Regaih, una de sus hermanas. Sería más fácil si la nuestra se hacía el mismo día: 8 de agosto de 1974. No podía imaginarme cómo sería una boda saudí. Nunca había estado allí. No cuestioné nada. Estaba enamorada; mi madre se alegraba mucho de que fuera a casarme. Para mí esa boda se iba convirtiendo cada vez más en una formalidad.

No llevé amigos. Conseguir los visados para mí y para mi familia fue una experiencia durísima. Sólo vinieron mi madre, mis hermanas y Mamal, el hijo de mi tía abuela, que llegó desde Irán.

Decidí no invitar a mi padre. No quería que mi madre tuviera que enfrentarse a él después de tantos años. Sabía que mi madre lo amaría toda su vida y verlo le causaría mucho dolor. De modo que Mamal, el primo de mi madre, era mi pariente masculino más cercano, y, aunque yo no lo conocía bien, daba la impresión de que su presencia era casi tan importante como la mía. Mamal participaría en la ceremonia religiosa reservada sólo a los hombres, donde representaría a la novia y tomaría la mano de Yeslam. Su presencia certificaba que Yeslam y yo pudiéramos casarnos. Sin Mamal no podría haber boda.

Era algo estrafalario. Siempre que veía a Mamal, mi hermana Magnolia bromeaba: «Miren, ¡ahí viene la novia!».

Mis preparativos se hicieron a toda prisa. Primero, fui a comprarme un vestido de novia. Busqué en *haute couture* de Chanel, en Ginebra, pero ninguno de los modelos se parecía al vestido que quería o resultaba conveniente para lo que —basándome en mis recuerdos infantiles de Irán— imaginaba de Arabia Saudí. Quería uno de cuello alto y mangas festoneadas con puños, algo completamente sencillo pero elegante. Al final, diseñé un vestido de organza blanca, que me hizo un modisto de Chanel. Sentía que me representaba muy bien.

Luego vinieron los velos. Un largo velo nupcial de organza blanca y una capa negra que protegería mi rostro y mi cuerpo del mundo. Yeslam me había explicado que iba a necesitarla.

Compré una tela de grueso algodón negro e hice que me confeccionaran la capa. El resultado fue un velo persa pesado, como un *chador*, y no el fino *abaya* de seda de los saudíes. No se me ocurrió nada mejor. La cosa pesaba tanto que apenas podía sostenerla. Parecía algo cómicamente anticuado, como llevar puesto un disfraz.

Por último, mis hermanas y yo salimos a comprar muchos vestidos largos, porque Yeslam me había dicho que los necesitaríamos. Pero en ningún lugar de Ginebra encontramos nada ni remotamente conveniente: vestidos formales, aunque púdicos, para fiestas; vestidos de diario no demasiado informales, pero largos. Tuvimos que encargárselos a una modista. Finalmente, mis hermanas se hicieron vestidos de dama de honor color salmón rosado. Todas pasábamos los días en un montón de pruebas.

Luego, Yeslam y yo tomamos un avión a Jeddah, con mi hermana Salomé. Mi madre y mis otras dos hermanas nos siguieron un par de días después. Yeslam llevaba el traje de algodón blanco saudí, que se llama *tobe*. Cuando está bien hecho, es muy fresco y elegante; vestido de esa manera exótica, me pareció aun más romántico.

Unos pocos minutos antes de aterrizar, Salomé y yo nos pusimos nuestros velos. Estábamos completamente cubiertas de grueso algodón negro: manos, cabeza, cuerpo. Sólo se veían nuestros pies. Hasta nuestros ojos estan escondidos detrás de la impenetrable gasa negra. Le eché una mirada a Salomé. Me impactó. No tenía rostro.

A medida que descendíamos, vi cómo se acercaba el desierto. La luz que atravesaba el velo era tan escasa que no sabía si ese nuevo país era sencillamente el lugar más oscuro y vacío que jamás había visto o si la gasa que tenía delante de los ojos me impedía ver cualquier cosa. Eso me produjo una sensación extraña y opresiva. No era como cuando me había probado el velo con la modista ginebrina. Estaba entusiasmada —me iba a casar—, pero, interiormente, sentía una cierta melancolía, un temor que se sumaba a la negrura del mundo exterior.

El calor era sofocante. Apenas podía respirar debajo de los gruesos pliegues de mi *abaya*. Cada movimiento era lento y torpe. Descendimos los peldaños de la escalerilla del avión y mi hermana tropezó. Se le cayó todo lo que llevaba en el maletín y, sin embargo, nadie la ayudó a recoger nada. Se volvió hacia mí —era un triángulo parlante completamente negro— y me dijo: «¿Qué lugar es éste?». En Arabia Saudí ningún hombre podía tocarla o acercarse.

Yo estaba tan concentrada en mantener el velo en su lugar, que no podía prestarle atención a nada más. Vi a Ibrahim, el hermano de Yeslam, con sus ojos risueños y su cara amistosa. Le grité: «Hola, Ibrahim». Era un alivio ver alguien familiar, pero no respondió. Pareció, incluso, avergonzado. Luego, en voz muy baja, dijo: «Hola». A Ibrahim no se le permitía hablar conmigo en público.

Apenas unos pocos minutos en Arabia Saudí y ya había cometido mi primer error. Empezaba a caer en la cuenta de que en el país de Yeslam, como mujer, iba a tener que quedarme callada en público.

Nos fuimos sin ni siquiera esperar nuestro equipaje. Algún subordinado se haría cargo. Miré por la ventanilla del coche y, a través de mi velo, vi apenas una luz opaca; ni gente ni edificios. Hasta las lámparas de la calle eran oscuras.

De hecho, había muy poco que ver. En esa época, Jeddah era apenas un pueblecito lúgubre y viejo; el barrio donde vivía la mayoría de los Bin Ladin estaba en el camino que salía hacia La Meca, en el límite con el desierto.

El camino estaba lleno de baches; después se hacía suave y, de repente, llegamos al hogar de Yeslam, en el Kilómetro Siete del Camino a La Meca. La puerta estaba abierta y mi suegra esperaba en el umbral de la casa.

Siempre llamé a mi suegra Om Yeslam. Tenía su propio nombre, claro, pero nunca se usaba. Como la mayoría de las mujeres, llevaba el nombre de su hijo mayor. (Si la mujer saudí tenía sólo hijas, se ponía el nombre de la primera, a menos que luego naciera un hijo cuyo nombre reemplazaría el de la hija mayor.)

Om Yeslam fue simpática y cordial. Era un alivio poder quitarme la *abaya*. De pronto, la luz que había en el interior de la casa pareció cegadora. Había muchas arañas encendidas: era como entrar a una tienda de lámparas. Nos sentamos y conversamos un poco. Pasadas las primeras felicitaciones, comencé a asimilar mi nuevo entorno. Dentro de la casa todo parecía ser verde. Alfombras verde oscuro de pared a pared; empapelado verde en las paredes, sofás de terciopelo verde y dorado dispuestos contra las cuatro paredes de la sala de estar. Todo era muy curioso. También había flores de plástico. Cuando fui a lavarme, descubrí que mi dormitorio tenía un cuarto de baño de mármol granate, sin ventanas, como una bóveda sepulcral. No había antiguas alfombras labradas o detalles finos: la casa era nueva y poco elegante, como una casa de barrio sin estilo.

Los sirvientes entraron con la cena. Extendieron una tela en el suelo y allí comimos: queso *lebna*, miel, ensalada de pepinos, pan árabe, yogur y una pasta repugnante de alubias. La falta de sofisticación me sorprendió. Me había imaginado una exótica morada oriental, como en las películas, o como la casa de mi abuela en Irán. Al fin y al cabo, el padre de Yeslam había sido uno de los hombres más ricos de Arabia Saudí. Pero ésta era apenas una simple casa, amueblada con poco gusto, donde la gente vivía con sencillez. No se trataba para nada de la vida de refinamiento y elegancia que yo me había imaginado.

Mi suegra era una mujer afable de voz suave; nunca fue dura conmigo, aunque se sentía decepcionada de que su hijo no hubiese elegido a una saudí. Charlamos. Nuestra conversación, en farsi e inglés, era forzada y se paraba con la traducción de Yeslam al árabe.

Al día siguiente empezó la ronda de visitantes. Dado que yo era la futura novia, la familia tenía que venir a felicitarme y, todavía más importante, a examinarme. Me enfrenté con una interminable serie de mujeres —sólo mujeres—, todas con vestidos largos y formales, recargadas con montones de joyas. Eran docenas. Tenían nombres que me resultaban poco familiares y difíciles de retener. Muy borrosos.

La mayoría de esas visitas eran parientes de Yeslam. La idea abstracta —veintidós esposas, veinticinco hijos, veintinueve hijas— estaba empezando a tomar forma ante mis ojos. Apabullaba.

Salem, el mayor, a quien ya había conocido en Ginebra, tenía entonces alrededor de treinta años. Yeslam era el décimo hijo. Nadie me habló del orden de nacimiento de las hermanas, que iban fluyendo por la puerta. Estaba claro que no importaba y ni siquiera se me ocurrió preguntar.

Evidentemente el jeque Mohamed, el padre de Yeslam, no se había casado con todas sus esposas al mismo tiempo. Se divorciaba de unas mientras se casaba con otras. La mayoría de las esposas —tanto las divorciadas como las actuales, así como sus hijos— había vivido dentro del enorme complejo del jeque Mohamed en Jeddah.

Pero justo antes de morir, el jeque Mohamed había comenzado a construir una serie de casas nuevas en el Camino a La Meca, en las afueras del pueblo. Muchos de sus hijos se mudaron allí después de su muerte, llevando a sus madres consigo. Era todo un barrio Bin Ladin de casas dispuestas a lo largo de tres calles aisladas, al lado del desierto.

Vivimos esos primeros días en el Kilómetro Siete, en una inactividad casi hipnótica. No había nada que hacer, salvo dar la bienvenida a interminables filas de mujeres vestidas con ropas formales y beber café árabe con semillas de cardamomo en tazitas minúsculas. Al principio, no sabía que tenía que sacudir la taza para indicar que ya había tomado suficiente y que no quería que me sirviesen más. ¡Nunca tomé tanto café en toda mi vida! Finalmente, cuando expliqué mi problema, Om Yeslam me dijo amablemente lo que tenía que hacer.

Sólo los hombres podían ir y venir como quisieran. Nosotras estábamos confinadas en la casa, no sólo por el sofocante calor estival, sino porque las mujeres no podían ser vistas sin sus velos por hombres que no fueran de la familia.

Hasta para salir al jardín teníamos que notificarlo a los empleados varones para que desalojaran el lugar. Una vez que no había nadie, generalmente al atardecer, podíamos salir a ese horno. La arena del desierto que nos rodeaba era cegadora, como mirar fijamente a la nieve de los Alpes sin gafas de sol. Mi universo despreocupado se encogió ante una visión: poco más de media hectárea de un jardín achicharrado, con algunos árboles altos y débiles.

No hacíamos ningún ejercicio. Caminar a cualquier lado era completamente impensable. En todo caso, no había adónde ir. No había hoteles, estadios deportivos, teatros ni piscinas; y los pocos restaurantes que había eran exclusivamente para hombres. No había heladerías, parques o negocios: las mujeres pudientes casi nunca salían de compras. Ningún otro hombre más que Yeslam podría ver mi cara. Él ya me había advertido antes de llegar. Pero vivirlo era muy distinto. Era irreal.

La vida de Om Yeslam estaba completamente cerrada para cualquier hombre que no fuera de su familia. Su chófer etíope nunca la vio sin velo. Ni siquiera sé si alguna vez la oyó hablar. Su joven sirviente —alrededor de doce años y también etíope— recibía las órdenes y decía al chófer cuándo prepararse y adónde ir.

Recuerdo la mirada de asombro y consternación que intercambiaron mi suegra y Fawzia, una de las hermanas de Yeslam, la primera vez que le di las gracias a su criada por algo trivial, como una taza de té. Les llamó la atención. Y recuerdo la sorpresa y la especie de alegría que se reflejó en el rostro de la joven.

La familia de mi madre, por lo general, disponía de muchísimos criados en Irán, e incluso en Suiza teníamos una gobernanta. Pero éste era otro mundo y había algo desagradable en él.

Más adelante, de visita en sus casas, sorprendí a muchas mujeres al darles las gracias a sus sirvientes. El desprecio por el personal subraya el hecho de que Arabia Saudí fue uno de los últimos países del mundo en abolir la esclavitud. Hasta 1962 era común que las principales familias tuvieran sus propios esclavos. El gobierno, finalmente, compró su libertad pagando tres veces su precio. Quince años después, cuando llegué a este país, los sirvientes seguían sin ser considerados como seres humanos merecedores de agradecimiento.

Cada gesto en ese nuevo mundo parecía extraño. La gente que me rodeaba era inescrutable. Los hombres no podían mirarme, ni siquiera con el velo puesto. La familia era amigable, pero no podía leer nada en sus ojos. Esa monótona negación era casi etérea. Estaba hipnotizada. No se parecía en absoluto a Irán o a Beirut: me encontraba en otro planeta. Había que aprender muchas cosas de una vez y yo no sabía qué pensar de ellas.

Descubrí la ciudad de Jeddah a pleno sol cuando, al cabo de tres días, fuimos a la embajada suiza para registrar nuestro inminente matrimonio. Si no hubiese insistido en mantener la nacionalidad, habría perdido mi pasaporte suizo. Más tarde, bendije muchas veces ese día. Fue mi primera liberación de esa casa. El aire era tan caliente que apenas podía respirar debajo del grueso velo. Yeslam tuvo que recordarme que, mientras él conducía, yo debía sentarme en el asiento trasero, completamente cubierta.

Al atravesar Jeddah, mirando desde los cristales polarizados del Mercedes, observé al borde de la carretera una escena propia de otro milenio. Arabia Saudí todavía estaba saliendo de la apabullante pobreza de su modo de vida tradicional. La gente era ahora un poco menos pobre desde el descubrimiento de petróleo en 1930, pero la enloquecida bonanza de riquezas que recorrería el país después de los embargos de petróleo de 1973 estaba aún en ciernes. La Plaza del Burro era un entramado de senderos donde la gente compraba agua a hombres con burros cargados de cántaros. De las pocas calles asfaltadas ascendían brillantes oleadas de calor. Vi uno o dos comercios escuálidos. Diseminadas entre las interminables dunas, estaban las casas, invisibles detrás de los altos muros que impedían a las mujeres ser vistas.

Al principio ni siquiera era consciente de lo que me parecía tan extraño de ese país, pero luego se me hizo evidente: la mitad de la población de Arabia Saudí se mantiene todo el tiempo detrás de paredes. Resulta difícil entender una ciudad donde casi no hay mujeres. Me sentía como un espectro: las mujeres no existían en ese mundo de hombres. Y no había parques ni flores, y apenas unos pocos árboles. Era un lugar sin color. Salvo por la arena, que cubría las calles con una alfombra suave y polvorienta, los únicos colores que se destacaban eran el blanco y el negro. Las túnicas blancas de los hombres y unos pocos triángulos negros de tela: las mujeres con velo. Ginebra estaba a miles de años luz.

Unos días después, Yeslam planeó una escapada al mar Rojo, para paliar nuestra sensación de confinamiento. Pero, de algún modo, le salió el tiro por la culata: sólo sirvió para enfatizar lo extraña que era Arabia Saudí. Mis hermanas y yo nos habíamos olvidado de empacar trajes de baño. Mientras debatíamos cómo y dónde ir a comprarlos, se llamó al chófer.

Una Bin Ladin no iba de compras: podría ser vista por hombres. De modo que el criado le dio instrucciones al chófer para que comprase trajes de baño. Cuando volvió, el criado nos presentó dos maletas llenas de trajes de baños. Eso, para muchas mujeres saudíes era, en ese tiempo, ir de compras. Atontadas por lo extraño de la situación, elegimos.

Estábamos listas para la playa. Conocería a algunos de los hermanos mayores de Yeslam: a Omar, un hombre devoto y conservador; a Bakr, severo y adusto; a Mahrouz, que se estaba volviendo progresivamente religioso, aunque había sido muy occidentalizado (de hecho, era una especie de playboy).

Los Bin Ladin poseían seis o siete bungalows al lado del mar: cabañas desvencijadas de un solo ambiente, con *kitchenettes* y un generador compartido. Los hombres se retiraron solemnemente a una cabaña, mientras mis hermanas y yo nos poníamos los trajes de baño. Bajamos hasta el agua por una escalera oxidada que había en el embarcadero de madera y nadamos. Había oído que el mar Rojo era el paraíso para aquellos a los que les gustaba bucear; el paisaje era hermoso y, por cierto, era el mar más azul que había visto. Nos volvimos a vestir y bebimos té y coca-cola. Había moscas por todos lados. Se esforzaban por divertirnos, de modo que nos comportamos como si estuviéramos divirtiéndonos.

Pero entonces Yeslam me pidió que no fumara delante de sus hermanos. Era un petición trivial, pero tras la tensión de esos primeros días en Jeddah, me sentí repentinamente frustrada. No podía opinar ni siquiera sobre los actos más básicos de mi vida cotidiana. ¿Tendría acaso que negar cada detalle de mi personalidad en esta lucha para encajar en ese país profundamente ajeno y estrictamente restrictivo? Estallé:

—No fumaré, pero tampoco me casaré contigo.

Hablaba en serio; era el fin.

Coherente con su educación saudí, Yeslam evitó la pelea. Pero más tarde, cuando estábamos sentados juntos bebiendo té, me ofreció con toda tranquilidad un cigarrillo delante de su familia. Ese sorprendente gesto de apoyo me dio esperanzas y disipó un poco mi aprensión sobre el futuro. Era una concesión pequeña, pero la sentí como un símbolo. Con la ayuda y la comprensión de Yeslam, me las arreglaría para seguir siendo yo misma en esa sociedad desconcertante.

Realizamos otra excursión especial, mi tercera salida de la casa en diez días. Om Yeslam y Fawzia, la hermana de Yeslam, nos llevaron al zoco del oro. Parecía ser el único lugar público al que podía ir una Bin Ladin. Caminar mezclada en una multitud de mujeres sin rostros, con velos negros, era una proeza difícil y extraña. Cuando miré a mi alrededor, me di cuenta de que no podría reconocer a mi familia —ni siquiera a mis propias hermanas— entre todos esos otros triángulos negros que andaban por ahí. Cuando me distraía, tenía que llamar a Fawzia para que me rescatara.

El oro centelleaba en todas partes, y se veía incluso a través del espeso velo. El negocio al que fuimos era minúsculo y desde el techo hasta el suelo tenía colgados brazaletes, cadenas y gruesos aretes de oro. Su valor dependía no del trabajo que llevaban, sino del peso: el oro se ponía sobre una balanza y luego el precio se calculaba con un ábaco. Mientras estábamos eligiendo, se oyó la llamada a la oración y el vendedor nos dejó allí, en su negocio.

No se nos permitía orar en un espacio público: éramos mujeres. En Arabia Saudí a las mujeres se les prohíbe incluso entrar a una mezquita u orar en lugares públicos, con la excepción de la oración ritual que se exige en las ciudades santas de La Meca y Medina. Los comerciantes tenían que orar cuando llamaba el almuecín, así que el que nos atendía nos dejó dentro del negocio, en un cuarto lleno de oro. La puerta ni siquiera quedó cerrada con llave. En Arabia Saudí es difícil que haya ladrones. El castigo draconiano es un poderoso disuasivo: a los ladrones se les cortan las manos.

El día de mi boda fue el más extraño en esas primeras y curiosas semanas. Yeslam e Ibrahim me llevaron al aparcamiento de un edificio administrativo, para registrar nuestra boda. Esperé en el coche vestida con mi *abaya*, mientras ellos entraban. Yeslam e Ibrahim me trajeron un libro que tenía que firmar. Era el registro de bodas. Estaba muy orgullosa de haber aprendido a escribir mi nombre en letras árabes. Luego, alguien se llevó el libro y ya estábamos casados.

Me había perdido la tradicional fiesta de compromiso *melka*, donde Regaih había firmado sus papeles nupciales entre un importante y solemne grupo de mujeres semanas atrás. De manera que me casé, vestida con mi *abaya* negra, en un aparcamiento arenoso. Desde la autorización del rey al coche estacionado, mi boda había resultado tan distinta de lo que cualquier novia se imaginaría que fue casi cómica. Era como si viera casarse a otra persona. Me dije que no era importante.

La celebración de las dos bodas tuvo lugar un par de días después. Para prepararnos, fuimos hasta la casa de Salem, al otro lado de la calle. (Muchos años después, y, por supuesto, completamente velada, comencé a cruzar la calle hasta esa casa. Tan intrépida acción fue el tema de comentarios escandalizados por parte de las mujeres de la familia.) Había mujeres por todas partes, atendidas por ejércitos de peinadoras. No había dormido y me dolía horriblemente la cabeza. Una de mis hermanas me dijo que, durante mi ausencia, las mujeres habían estado pasándose mi vestido y parloteando sobre él antes de traérmelo. Supongo que era demasiado sencillo. Me sentí molesta y despreciada: me pareció muy desconsiderado.

Me vestí y me peinaron con un rodete anticuado. Estaba tensa. Sobre mi vestido blanco de organza iba el siniestro y rígido *chador* negro. Subimos al coche en el calor de la noche; fuimos hasta el Hotel Candara. Creo que en esa época era el único hotel de Jeddah. Allí, en el jardín del hotel —adornado con bombillas desnudas a modo de luces de colores——, habían preparado un sector para las mujeres, separado con pantallas de yute para protegernos de la mirada de cualquiera de los camareros o de los varones invitados.

Mis ojos se encontraron con una vasta multitud de mujeres. Sólo mujeres; la ceremonia de los hombres estaba teniendo lugar en otro lado. Había tal vez unas seiscientas mujeres juntas, todas engalanadas con joyas y encajes, como para un baile majestuoso y solemne. Nos felicitaban, produciendo un barullo de gritos ululantes. Cuando Yeslam y yo nos acercamos al dosel, sus ojos me escrutaron.

Nos sentamos, con Regaih y su prometido, sobre una tarima elevada. Únicamente mujeres servían en el *buffet*. Una orquesta sólo de mujeres proveniente de Kuwait comenzó a interpretar la música árabe monótona y atonal que, con los años, aprendí a apreciar. Las mujeres bailaban antiguas danzas beduinas, vestidas con sus ropas formales y occidentales. Se trata de un baile como la danza del vientre egipcia, pero más ingenuo, sin dejos lascivos. Nos sentamos debajo del dosel, sobre nuestro trono, a mirar a las mujeres. Éstas observaban con recelo a mis hermanas, vestidas con trajes idénticos: sólo en ese momento me di cuenta de que en las bodas saudíes no hay damas de honor. La cabeza me estallaba.

Todo el mundo se sonreía. En ningún momento, durante mis años en Arabia Saudí, sentí directamente ninguna hostilidad. Un saudí bien educado jamás resulta abiertamente grosero, salvo con sus sirvientes. Sin embargo, siempre supe que estaba bajo un intenso escrutinio. Mi modo de vida era tan extraño para ellas como el suyo lo era para mí. Era una extranjera. Me había educado en Occidente, con mi rostro descubierto, como una ramera. Ellas habían nacido en uno de los lugares más santos del islam, la patria del profeta Mahoma. Se creían las guardianas elegidas del lugar más sagrado del mundo. Eran del pueblo elegido de Dios.

Mientras las observaba observarme, todas las experiencias nuevas, extrañas y, por momentos, desagradables de esos primeros días en Arabia Saudí me golpearon con toda su fuerza. Ahora estaba casada con un hombre de un país que, en este instante advertía, era muy distinto del mío. Quizás toda novia se pregunte si ha tomado la decisión correcta; yo me preguntaba si no debería habérmelo preguntado mucho antes. Allí sentada, rodeada sólo por mujeres, me sentí abrumada por la sensación de la inmensa brecha que había entre ambas civilizaciones: el mundo del cual venía y el mundo en el que acababa de entrar. Lo único que tranquilizó mi inquietud y mi sensación de estar confinada fue saber que pronto regresaría a la bendita normalidad de los Estados Unidos. Esa noche, en otro planeta, el presidente Nixon renunció.

CAPÍTULO V

Estados Unidos

Esa primera visita surrealista de tres semanas debería haberme advertido de todas las dificultades que me esperaban. Aquellas semanas definieron las décadas venideras y cambiarían para siempre el curso de mi vida. Pero en ese entonces yo era joven e inconsciente. Cuando dejamos Arabia Saudí, pocos días después de nuestra boda, sentí como si hubiese escapado. Pronto, la bruma opaca que tenía en mi cerebro se disipó. Hice un bollo con mi *abaya* y la tiré en algún lado, y fue como si nada hubiese sucedido: nuestra flamante independencia estadounidense nos envolvía de nuevo.

Asistimos a clase, hicimos compras para nuestro nuevo hogar, comimos en restaurantes, fuimos al cine. Pasamos tiempo con Mary Martha y su familia y con otros amigos americanos, lo que resultó muy bueno para los florecientes negocios de Yeslam. Se las había arreglado para hacerse un horario que le permitiera asistir a clase sólo dos días por semana y pasar el resto explorando las oportunidades que había en el nuevo mundo de los ordenadores personales. Yo aproveché todo lo que el modo de vida americano me ofrecía. Ahora era una mujer casada y a cargo de su propia existencia: creía alegremente que podía hacer lo que quisiera.

Aprendí a conducir en el deportivo blanco de Yeslam y él me compró un Pontiac Firebird. Como a Yeslam, a mí me encantaba conducir; sin rumbo fijo aunque no muy lejos, cuando me sentía inquieta. Luego, Yeslam compró un avión Mooney monomotor. Me convenció para tomar clases de vuelo. Los fines de semana volábamos a Santa Bárbara y a Las Vegas.

Una vez, Yeslam ganó mucho dinero en el casino y me compró una estola de visón blanca; no era realmente un jugador, pero a veces le gustaba hacer el tonto. También me compró joyas. La atención y su actitud romántica me gustaban casi tanto como los regalos mismos.

Creo que en esos momentos Yeslam era feliz. Más feliz, por cierto, de lo que había sido en su solitaria infancia, en los internados, lejos de casa; tal vez era más feliz que nunca. Leíamos juntos y nos quedábamos despiertos hasta tarde, hablando de sus estudios, sus primeros pasos en los negocios y escuchando la música clásica que a él le gustaba, tan fuerte como queríamos. Yeslam había comprado uno de los primeros ordenadores personales; había intuido que había un vasto potencial de inversiones en ese campo y de oportunidades para negocios. Había ido a visitar a un hombre que se llamaba Steve Jobs, que estaba haciendo algo audaz y nuevo con ordenadores en su garaje. Para nosotros, todo era emocionante. En los Estados Unidos, que descubríamos con tanta libertad, lo compartíamos todo. Tanta desmesura nos mareaba.

Ibrahim vino a vivir con nosotros y asistió a clases en la USC, aunque era tan vago con sus estudios que no estoy segura de si alguna vez se graduó. Eso hacía que Yeslam, tan inteligente y serio, me resultara aún más atractivo. Algunos de los hermanos de Yeslam empezaron a visitarnos cuando viajaban, y nosotros los llevábamos a Disneylandia, a Las Vegas, a fiestas. Yo usaba jeans y zapatillas; ellos, pantalones ajustados, camisas sin abotonar y peinados afro. Parecían estadounidenses.

Ocasionalmente, Arabia Saudí se nos hacía presente. Mafouz, hermano de leche de Yeslam, vino a visitarnos. Su madre, Aïsha, era la hija mayor del jeque Mohamed y había dado a luz a Mafouz al mismo tiempo que la madre de Yeslam lo tuvo a él. Aïsha y Om Yeslam amamantaron mutuamente a sus hijos; es una costumbre de Arabia Saudí, aunque nunca debe hacerse si los críos son varón y hembra, porque eso significaría que nunca podrían casarse entre sí. Ser hermanos de leche crea un vínculo especial.

Mafouz era muy creyente. En Arabia Saudí llevaba una túnica corta para exhibir su simplicidad: ése era un signo de religiosidad en aquellos días. Era su primer viaje al extranjero. Yeslam lo llevó a dar una vuelta en avión con mi hermana Salomé. Mafouz pasó todo el vuelo apretado en un rincón. Los asientos estaban demasiado juntos y se sentía cortado y físicamente incómodo por estar sentado al lado de una mujer que no fuese su pariente. Su consternación se hizo doble cuando Salomé anunció que no se sentía bien. Pobre Mafouz.

En noviembre descubrí que estaba embarazada. Sucedió del modo tradicional: un domingo por la mañana mandé a Yeslam a que comprara tacos y comí hasta enfermar (nunca más pude volver a comer otro taco). Me sorprendió que hubiese madurado tanto como para esperar un bebé. Sentía náuseas todo el tiempo. Yeslam, claro, estaba alegre y, cuando se lo anuncié cogiéndolo de la barbilla, me sonrió. Pero no pareció tan contento como yo hubiese esperado. La alegría no lo sobrecogía. Nunca me abrazó la barriga ni demostró sorpresa cuando la criatura me pateaba el vientre.

Queríamos un varón, ambos lo sabíamos. En una casa de mujeres, a mis hermanas y a mí, de niñas, siempre se nos puso límites. Muchas veces deseé tener un hermano; siempre pensé que un hermano habría tenido más libertad y habría influido en mi madre para tenerla también nosotras. Y, por supuesto, Yeslam quería un varón porque era saudí, así de simple. Tal vez por mis orígenes iraníes lo entendía perfectamente.

Por prescripción médica tuve que abandonar la universidad y hacer reposo la mayor parte de mi embarazo. Billy, un amigo estadounidense, vino a visitarme. Nos conocimos en Ginebra y siempre fuimos íntimos. Llevaba esperando su visita varios días. Mi vientre hinchado era muy reciente: ¿qué otro tópico de conversación podía haber? Le dije a Billy que deseábamos un varón, pero él me respondió:

—Ojalá sea una niña. Y ojalá sea como tú. Eso sería fabuloso.

Miré sonriendo a Yeslam. Pero su rostro había ensombrecido y miraba fijamente a Billy, sin fruncir el ceño, muy quieto y silencioso. Billy se fue casi de inmediato. Volvió a visitarnos, pero Yeslam, sin decir nada, se las arregló para dejar claro que ya no era bienvenido.

Al principio, no nos damos cuenta de que nos estamos transformando en el objeto de otro. Al encontrarnos con alguien, nos volvemos uno, fundiendo nuestros gustos y personalidades hasta sentir que somos invencibles. Uno empieza a poner en sordina los desacuerdos, hasta que, paulatinamente, la propia personalidad queda sumergida en el deseo de complacer. Una se pierde dentro del otro, mucho más si se proviene de culturas distintas, como Yeslam y yo. También el embarazo me hizo vulnerable, al igual que la juventud. Ocurrió tan gradualmente que ni siquiera lo noté, pero mi propia personalidad había empezado a fundirse con la de Yeslam.

En los largos meses de embarazo, Mary Martha fue mi tabla de salvación. Me sentía mal todo el tiempo, durante meses ni siquiera pude subir a un coche. Mary Martha ayudó a Yeslam a buscar una casa nueva y más grande en Pacific Palisades. Me llevó a comprar una cuna y ropa para el bebé. Me llevó a mis clases de parto y me dejó hablar todo lo que quise de mi futuro hijo.

En una ocasión Mary Martha estaba organizando un gran almuerzo de caridad y no encontraba quien la ayudase, de manera que reuní a los Bin Ladin. Ibrahim, con su enorme y enmarañado afro, hizo de mozo; Yeslam cobraba la entrada en la puerta. Yo, con mi caro vestido de seda de embarazada, lavaba platos. Cuando se iba, una matrona californiana y conservadora se llevó a un lado a Mary Martha y le dijo en un murmullo audible:

—Por cierto, esta gente que la está ayudando es *diferente*. ¿En qué lugar de la tierra los ha encontrado?

—No se preocupe —le contestó Mary Martha—. Usted nunca podría pagarlos.

En la cocina nos moríamos de risa.

La familia de Mary Martha nos adoptó: ahora tenía una familia estadounidense. Cuando sus padres venían de visita desde Arizona, siempre íbamos a verlos. Les Berkley, su padre, cultivaba lechugas; era alto y fuerte, con aspecto de John Wayne. La madre, Mrs. Berkley, era una mujer graciosa e inteligente, una republicana firme, con un profundo sentido del honor. Hablábamos de la política estadounidense, de la constitución americana y de la familia. Solíamos hacer los tests de vocabulario del *Reader's Digest* juntas. Para ella era una distracción; para mí, un entrenamiento esencial.

En la familia de Mary Martha había mucho amor, un respeto mutuo, algo nuevo para mí. Habiendo crecido en la casa de mi madre, estaba acostumbrada a obedecer a los mayores sin cuestionarlos, sólo porque eran mayores. La edad y la autoridad merecían un respeto automático. Pero en la familia de Mary Martha había un trato más profundo entre todos sus miembros. Todos tenían buenos modales, pero también eran libres de hablar cuando querían, libres para opinar de otra manera.

Estar con los Berkley era una experiencia cálida y acogedora. En esa familia, se respetaba a cada individuo sin importar su edad. Se prestaba atención a lo que los chicos tenían que decir y se les respondía con cuidado. Su amabilidad no era mecánica; era considerada. Ésa fue la actitud que, más tarde, me llevé a Arabia Saudí. Luché por educar a mis hijas con ese espíritu. Cada día me sentía más fuertemente ligada a los valores de esa cultura nueva y libre: la de los Estados Unidos.

Una mañana de marzo de 1975, Yeslam me despertó con la noticia de que el rey Faisal había sido asesinado: uno de sus sobrinos le había disparado. Pude sentir el pánico y las prisas. Yeslam me dijo que Arabia Saudí era un caos. Se empezaba a decir que el asesino estaba trastornado, pero lo más probable era un asesinato por venganza: el hermano del asesino había sido ejecutado hacía diez años por participar en una revuelta fundamentalista contra la decisión del rey de autorizar la televisión en el reino.

Yeslam empezó a sentir la necesidad de volver a su país y de ayudar en el negocio familiar. Se apresuró entonces a terminar sus estudios para poder graduarse antes.

Mientras tanto, yo di a luz: el acontecimiento más trascendente de mi vida y uno que me cambiaría para siempre. Mary Martha estuvo conmigo (Yeslam no hubiese sido capaz de soportarlo). Nació una niña.

Mucho después me enteré de que Yeslam se fue cuando lo supo: se dio media vuelta y salió del hospital. Pero en ese momento, me sentía exhausta. Cuando me llevaron a mi cuarto y me trajeron a la pequeña, lo único que supe era que Yeslam estaba allí. Pensé que tal vez estaría un poco decepcionado, pero nos adaptaríamos.

Teníamos que elegir un nombre. Habíamos elegido un nombre de varón —Faisal—, pero nunca se nos había pasado por la cabeza elegir uno de mujer. Yeslam decidió que fuera Wafah, la fiel.

Tener una niña fue toda una sorpresa para mí: ¡y qué hermosa sorpresa terminaría siendo! Wafah era preciosa —muy bonita para ser recién nacida— y cuando la miraba me resultaba imposible sentirme decepcionada. Me sobrecogía el amor y la fascinación. Pero Yeslam a veces se enfurruñaba. Era como si tuviera celos de que la pequeña Wafah se aferrase a mí. A pesar de que venía de una familia grande, le prestaba mucha menos atención a Wafah que yo. Se ponía contento cuando le contaba las cosas nuevas que estaba haciendo —chuparse los dedos de los pies o estirarse para buscar los juguetes—, pero siempre tenía que señalárselo yo.

Poco después de que Wafah naciera, Mary Martha me llevó de compras. Pensé que sería bueno para Yeslam quedarse solo con la niña. Wafah todavía tenía que alimentarse cada dos horas, de manera que corrimos a comprar ropa de bebé. Cuando volvimos, Yeslam me la entregó, como un paquete.

—Está mojada —dijo—. Deberías cambiarla.

Pensé que Yeslam era un poco tonto. ¿Acaso no se le había ocurrido cambiarla? Me produjo ternura. La situación me hizo sentir aún más confiada y capaz en mi nuevo papel de madre.

Para mí, Wafah era como un milagro. Por primera vez en mi vida me sentía totalmente responsable de otro ser humano. Como todas las madres primerizas, me prometí no cometer los mismos errores que había cometido mi madre. Iba a respetar el carácter de mi hija, iba a dejarla crecer libre para convertirse en la persona que ya había en ella, por ahora encogida, dentro de su cuerpecito perfecto.

No quise contratar una niñera (aunque ya teníamos una criada para cocinar y limpiar). Yo era la que se despertaba de noche para darle de comer mientras Yeslam gruñía. Llevaba conmigo a Wafah y le hablaba todo el día. Ella me miraba, atenta, como si entendiese cada palabra.

Realmente disfrutaba paseando con mi bebé por el parque en su flamante cochecito estadounidense, jugando con la cría al sol, sintiendo el maravilloso olor a bebé que tenía en los pliegues del cuello. Era una cosita terca, con un carácter fuerte. Meses después de haberla destetado, se negaba a comer otra cosa que no fuese compota de pavo y arroz preparado; ni siquiera la comida casera de Mary Martha logró tentarla.

Inundaba la casa de música —Cat Stevens, Shirley Bassey, Charles Aznavour, Jacques Brel— y bailaba con mi hija en la sala de estar. Ella dormía acompañada por Tchaikovski en su propio equipo de música y rodeada por una enorme cantidad de juguetes. Nada era demasiado bueno para mi Wafah.

No volví a la universidad, pero estuve al lado de Yeslam en cada trabajo y en cada examen, mientras se apresuraba para terminar con el plan de estudios. Su mente era rápida e incisiva. Yo adoraba su inteligencia, su disciplna, su veloz comprensión de hechos complejos. A medida que se acercaba la graduación, sus planes para llevarnos de vuelta a Arabia Saudí se volvían más imperiosos. Después del embargo petrolero de 1973, cuando el precio del crudo subió de tres a doce dólares en unos pocos meses, el dinero empezó a llover sobre Arabia Saudí. Yeslam vio que había nuevas oportunidades y quería participar. Me dijo que sería fantástico para nuestra familia. Supe que eso significaba renunciar a mis esperanzas de volver a la universidad, que significaba renunciar a muchas cosas, pero, arrullada en la acogedora alegría de la vida con mi amada Wafah y mi marido inteligente y apuesto, acepté.

CAPÍTULO VI

La vida con los Bin Ladin

Nos mudamos a Jeddah en el otoño de 1976. Esa vez, mientras sobrevolábamos el aeropuerto, me puse la *abaya* saudí adecuada, de seda y delgada, sobre la cabeza, los ojos, las manos y cada centímetro de mi cuerpo. Pero la sensación de pesadez de la que ya me había olvidado apareció cuando me tapé en esa gasa impenetrable y ahora con más fuerza. No me iba a ir en dos semanas. No era ése un velo que un día pudiera arrancarme y olvidar en la parte de atrás del armario. Ahora, esa *abaya* me acompañaría a todas partes. En ese país nuevo y extraño la *abaya* simbolizaría mi vida.

Durante años, la primera cosa que la gente me preguntaba cuando viajaba al extranjero era si usaba velo. Y al decir que sí, siempre me deleitaba con las reacciones de sorpresa y horror. Está claro que, en términos prácticos, el velo era un incordio. Era un insulto a mi inteligencia y a mi libertad. Pero no me causaba un gran problema. Para encubrir mi incomodidad, en esos primeros días, acepté la explicación: la *abaya* simbolizaba el respeto por las mujeres. De todos modos, yo estaba convencida de que sólo sería temporal.

Soy optimista por naturaleza. Jeddah florecía y los extranjeros estaban empezando a llegar en multitud al país. El amenazante vacío del desierto de Jeddah pronto daría paso a nuevas carreteras y brillantes rascacielos. Supuse que la sociedad saudí entraría en el mundo moderno, tal como lo habían hecho otras culturas.

Pensaba que pronto, como ya había pasado en Irán, el velo sería algo opcional. Pronto podríamos caminar por las calles. O conducir adonde quisiéramos. Iríamos de compras: pronto habría negocios y las mujeres podríamos trabajar.

Mientras tanto, tenía que adaptarme a mi nueva vida e intentar convertirme en una buena esposa y madre saudí. Nos mudamos con Om Yeslam y con Fawzia, la hermana menor de Yeslam. Con Om Yeslam compartía a Abdou, su chófer sudanés. Contratamos otra criada etíope.

Traté de adaptarme. Gradualmente empecé a entender un árabe básico y, cuando Wafah echó su primer diente y empezó a caminar, descubrí que ser madre era algo absorbente. Fuera de eso, nada fue normal.

Lo más extraño de todo era cómo me iba envolviendo en la vida silenciosa y pausada de Om Yeslam. Igual que estar anestesiada. Om Yeslam era una buena mujer, pero sus únicos intereses eran cocinar y el Corán. Oraba cinco veces al día y vivía en un mundo encerrado en una jaula invisible de tradición.

La palabra árabe *hormah*, que significa mujer, deriva de *haram*: tabú. Cada momento en la vida de Om Yeslam estaba marcado por el respeto a los rituales y las reglas de la tradición islámica. Todo parecía ser *haram* o pecaminoso; y si no, *abe* o vergonzoso. Oír música era *haram*; caminar por la calle era *abe*; hablar con un sirviente varón era *abe* y *haram* ser vista por un hombre que no perteneciese a la familia. Om Yeslam era una mujer tolerante y raramente fruncía su rostro tranquilo y sereno, pero yo podía notar su desaprobación ante mis comportamientos por su siempre amable y clara sorpresa.

Por supuesto, para una Bin Ladin salir de casa casi siempre era *haram* y *abe*. Nuestros rostros jamás debían ser vistos por un hombre que no fuera de la familia. Si salíamos, era para que un varón nos llevara a algún lugar específico. Pasaron meses antes de que conociera el trazado del barrio.

Ir de compras era asunto de los sirvientes. Si necesitábamos algo, Abdou u otro chófer recibían instrucciones del criado. No se limitaba a trajes de baño. Era el té o los pañales: todo. Si lo que nos traían no nos gustaba, el chófer volvía con otra maleta llena. Si elegíamos algo, regresaba al comercio con la maleta, se establecía el precio y pagaba.

Esas historias me volvían loca.

Ese sistema, que encerraba a todas las mujeres en una malla de restricciones, hacía que toda acción básica de mi vida fuera increíblemente compleja. Wafah se había acostumbrado a beber leche Similac. Aunque compré mucha cantidad, se me estaba acabando. Me preocupaba que pudiera ser alérgica a otras marcas; sentía que le faltaba energía, aunque quizás era por el calor. Me propuse conseguirle Similac. Envié a Abdou, pero volvía una y otra vez con leche común; no con la leche correcta.

La leche de mi bebé se volvió una obsesión para mí. No podía imaginar que apenas hubiese dos tipos de leche de bebé en todo el país. Una noche le dije a Yeslam que tenía que dejarme ir al almacén para verlo por mí misma. Él consintió.

¡Iría al almacén! ¡Qué progreso! Estaba exultante. Abdou y Yeslam me llevaron con la *abaya* cubriéndome de la cabeza al dedo gordo del pie. Yeslam me pidió que esperase en el coche y desapareció un rato. Al cabo de diez minutos, me llevó hasta la entrada.

Pasé delante de una fila de unos doce hombres parados fuera del negocio, todos mirando rígidamente en otra dirección. Una vez dentro, mis esperanzas se derrumbaron. El almacén era una destartalada estructura prefabricada, sin ventanas, polvorienta y atiborrada de cajas de cartón llenas de latas. Olía como un depósito. Encontrar la leche ya fue difícil: todo estaba en cajas sin etiquetas. Apenas había qué elegir y, por cierto, no había Similac. Y para que una mujer completamente envuelta en velos negros pudiese entrar con su marido, el almacén había sido vaciado —completamente vaciado— de clientes y personal.

¿Qué demonios temían? ¿Que los contaminase? ¿Una mujer cuyo rostro y cuyo cuerpo ni siquiera podían ver? ¿Acaso esos hombres pensaban que era en realidad una señal de amabilidad y respeto darme la espalda porque yo era mujer? La ira me invadió. Apenas unas semanas antes, había recorrido un supermercado californiano lleno de luz cogiendo fruta fresca y cereales para mi familia. Volví a casa con un amargo nudo en la boca del estómago. Tenía la impresión de haber entrado en un universo alienígena y paralelo.

Necesitaba actividad. Necesitaba leer. Anhelaba algunos estímulos para mi mente y mi cuerpo. Los dos canales de TV transmitían a un imán que canturreaba el Corán todo el día; para amenizar, muchachitos de seis o siete años, que habían ganado premios por sus conocimientos religiosos, recitaban los textos sagrados de memoria. Los periódicos extranjeros eran filtrados: cualquier comentario sobre Arabia Saudí o Israel, cualquier foto o publicidad que mostrara parte del cuerpo femenino era pintada de negro por los censores. Yo los ponía a contraluz para tratar de adivinar cuáles eran las palabras prohibidas, veladas por el lápiz del censor.

No había libros. No había teatros, conciertos, cines. No había razón para salir y bajo ninguna excusa podíamos hacerlo: no debía caminar y, legalmente, no podía conducir. Por mucho que me gustara mi condición de madre, ocuparme de Wafah no me bastaba para llenar mi mente y mis días.

Tenía que salir. Le dije a Yeslam que estaba desesperada. Él lo entendió: me propuso que hiciéramos un viaje de tres días a Ginebra para comprar libros y leche para bebé, y para mitigar mi añoranza. Como solía suceder, durante esos primeros años en Arabia Saudí, cuando me forzaba a quejarme, Yeslam encontraba un modo de tranquilizarme. Me reanimaba: Yeslam estaba de mi lado.

En Ginebra, mi mundo era asombrosamente diferente. Veía todo con ojos nuevos. Lo que en mi vida había considerado normal, ahora me parecía maravilloso. A unas cinco horas de la tierra marrón, seca y vacía que había alrededor del aeropuerto de Jeddah, se erguía aquí un paisaje complejo y lleno de vida. Había tantas casas y gente, tantos campos y jardines ricamente coloridos. Me sorprendí mirando las afiladas montañas azuladas y grises y tratando de memorizar cada borde irregular. Hasta los árboles del jardín de mi madre me parecían maravillosos. Observé las formas y los colores de las hojas rojizas en otoño y los grabé en mi cerebro. Era como si estuviese viéndolas por primera vez.

Compré pilas de libros y provisiones básicas. Luego, me armé de valor para volver.

Durante nuestro primer año en Arabia Saudí, Yeslam viajó con frecuencia debido a su empleo en la empresa familiar. Iba generalmente a Dammam, un puerto que se desarrollaba rápidamente, en la costa oriental, y que había sido construido gracias a la industria petrolera. Quedarme sola dos o tres días en Jeddah, con Om Yeslam y Fawzia como únicas compañías adultas, me volvía loca de aburrimiento, con o sin mi pila de libros.

Pasaba la mayor parte de los días sola con Om Yeslam. Fawzia asistía a clases en la universidad —estaba estudiando comercio—, pero no era como ninguna universidad que hubiese imaginado. Sus «clases» eran en realidad presentaciones en vídeo, realizadas por profesores a quienes no se les permitía enseñar de manera directa en un aula sólo para mujeres. Había una biblioteca, pero las estudiantes tenían que solicitar los libros por escrito y los recibían en una oficina especial para mujeres, una semana más tarde. Nunca vi a Fawzia leer un libro ni la escuché hablar de sus estudios.

Sentía que me estaba hundiendo. Me aburría como un pez, nadando cada vez más lentamente dentro de una pecera de vidrio, totalmente en calma, sin nada que hacer, boqueando.

El calor nos aplastaba hasta rendirnos. Durante el día nunca dejábamos la casa con aire acondicionado. Salir al jardín al atardecer era como entrar en un horno. La primera vez que vi animada a Om Yeslam fue cuando llovió. Una mañana nos despertamos y había un cielo gris y todos hablaron entusiasmados de la lluvia que iba a caer. Cuando cayeron las primeras gotas, Om Yeslam y Fawzia corrieron al jardín.

—Está lloviendo, está lloviendo —gritaron—. Ven a ver.

Yo sabía qué era la lluvia —al fin y al cabo, se trataba de algo que conocía bien——, pero, para complacerlas, salí. El olor de la arena mojada era desagradable, pero no importaba: llovía y eso las hacía felices. El jardín se inundó con unos treinta centímetros de agua. Durante un par de días, la arena se puso verde, como si hasta el desierto se mostrara agradecido.

Más adelante, también yo correría al encuentro de la lluvia, alegre de sentir algún leve cambio en la rutina de mi vida.

Las tormentas de arena eran menos agradables. Un viento cortante atravesaba el desierto. El cielo se oscurecía, a veces durante días. Las nubes de arena entraban por todas partes, atravesaban puertas y ventanas cerradas y se pegaban a la ropa, a los zapatos y a la comida. Resultaba incómodo y daba miedo; el ruido era siniestro. Nunca logré acostumbrarme.

Luego, el jardinero barrería la arena para devolverla al desierto, un gesto fútil que siempre me daba que pensar. Vivíamos en un lugar no propicio para la vida humana. A pesar de que Jeddah está sobre el mar ——es un puerto importante——, el desierto omnipresente, pedregoso y salvaje invade constantemente la vida. Ni siquiera hay un río que lo cruce, tampoco oasis naturales, ni colores agradables.

El desierto de Arabia Saudí es, de algún modo, hermoso: las dunas de arena onduladas, la luz sorprendente y el horizonte amplio y vasto siempre me hacían pensar en el océano. Pero es inmenso y monótono y está totalmente vacío. Un reino en el desierto resulta un lugar prohibido. Hasta el siglo XIX ningún europeo había entrado en el vasto y aislado desierto de Arabia Saudí. Físicamente tal vez sea el país más inhóspito del planeta.

CAPÍTULO VII

El patriarca

Arabia Saudí es socialmente medieval y oscurantista respecto al pecado y las prohibiciones. La versión saudí del islam —el wahabismo— mantiene con rigor un antiguo código social. No es una cultura compleja e intelectual como la de Irán o la de Egipto. Cuando llegué allí, el reino todavía no había cumplido cincuenta años, pero estaba —sigue estando— muy cerca de sus tradiciones tribales antiguas.

Puede que Arabia Saudí sea rica, pero probablemente es el país menos culto del multifacético mundo árabe. Posee la concepción más simplista y brutal de las relaciones sociales. Las familias están encabezadas por patriarcas y la obediencia al patriarca es absoluta. Los únicos valores que cuentan en Arabia Saudí son la lealtad y la sumisión: primero, al islam; luego, al clan.

El jeque Mohamed, el padre de Yeslam, fue por muchas razones el prototipo del patriarca saudí, aunque, de hecho, había nacido en el vecino Yemen. Su personalidad estaba por encima de todo; su voluntad era ley. Fue un trabajador pobre que había llegado a Arabia Saudí alrededor de 1930. Era rapidísimo para los números, aunque no sabía ni leer ni escribir. Pío, honorable y escrupuloso, res-

petado por su capacidad de trabajo, el jeque Mohamed había funda-
do una compañía que se convirtió en uno de los mayores grupos
constructores de Oriente Próximo, antes de su muerte en un accidente de aviación, en 1967, a los 59 años.

La relación del jeque Mohamed con la familia real saudí data de
los años en que el rey Abdel Aziz, el fundador del reino, todavía estaba en el trono. De acuerdo con una leyenda familiar de los Bin
Ladin, el rey enfermo era incapaz de subir las escaleras en uno de
sus palacios. El personal del jeque Mohamed se las ingenió para diseñar e instalar una rampa especial de manera que el rey pudiese ser
llevado en automóvil directamente al segundo piso.

Según otra historia de la familia, el jeque Mohamed hizo una ofer-
ta drásticamente más baja que la de una compañía italiana que iba a
construir el camino desde Jeddah hasta la empinada Taef, donde el
rey Abdel Aziz, normalmente, pasaba los meses estivales. El jeque
Mohamed siguió a una mula que hizo el recorrido, trazó sobre un
mapa la senda del animal y la empleó para construir la carretera.

El padre de Yeslam era un hombre generoso, dado a los grandes
gestos de abundancia. En una ocasión, me contaron, cuando el
derrochador rey Saud estaba en el trono, el jeque Mohamed había
sacado dinero de su propio bolsillo para pagar el sueldo a los fun-
cionarios del gobierno, con el objeto de salvar al reino del bochor-
no financiero. Otra vez, un grupo de indonesios pobres que hacía la
peregrinación a La Meca fue abandonado a su suerte por su guía, sin
sus pasajes de vuelta ni dinero. Fueron a ver al jeque Mohamed
—el mayor empresario de la región—, rogándole que les diese trabajo para reunir lo suficiente y pagarse el pasaje aéreo a su hogar.
Sin más, el jeque les dio el dinero.

El jeque Mohamed era astuto y valiente. A menudo trabajaba junto a sus obreros: a diferencia de la mayoría de los saudíes ricos, no era reacio al trabajo manual. Voluntariamente soportaba grandes penurias. Aunque no sé si la historia es cierta, Yeslam me contó que una vez, durante la guerra entre Egipto y Yemen, en los años cincuenta, el jeque Mohamed y sus hombres trabajaron bajo el fuego de la aviación egipcia para terminar una base aérea en una región cercana a Arabia Saudí.

Ésa era la vida a un nivel espectacular. Y el jeque Mohamed llevaba esa espectacularidad también a su hogar. El islam permite que un hombre se case con cuatro esposas y la mayoría de los saudíes se contenta con una o dos. Pero, al igual que algunos príncipes, el jeque Mohamed aumentó sus mujeres, divorciándose de las más viejas y uniéndose a otras cuando se le antojaba. Cuando murió, había contraído matrimonio con veintidós esposas, de las que todavía vivían veintiuna.

Después de muchos años en Arabia Saudí, me enteré por uno de sus empleados de mayor confianza de que, la noche en que murió, el jeque Mohamed había planeado casarse otra vez. Iba a la ceremonia, cuando su avión privado cayó en el desierto.

En realidad, el jeque Mohamed nunca vivió en el Kilómetro Siete. Se instaló con la mayoría de sus mujeres e hijos en un enorme complejo en Jeddah, y mantenía casas más pequeñas en Riad, la capital saudí, y en otros lugares. Yeslam me contó que Om Haidar, la esposa favorita del jeque Mohamed, vivía con él en la gran casa de Jeddah, y que, según le apetecía, rotaba con sus otras mujeres en casas más pequeñas, distribuidas dentro de los altos muros de su complejo. La cocina y el cuidado de los niños eran más o menos colectivos, por afinidad entre esposas. Las esposas del momento poseían un más alto que aquellas de las que se había divorciado.

El jeque Mohamed había tenido cincuenta y cuatro hijos. Yo solía burlarme de Yeslam diciéndole que su padre había querido competir con el rey Saud, con más de cien descendientes. Pero iba más allá de la broma: incluso en Arabia Saudí, un clan tan vasto era raro.

Todos los hijos del jeque Mohamed siempre vivirían a la sombra gigantesca de su padre. Para ellos, era un héroe, una figura distante, fabulosa, severa y profundamente devota. Los hijos menores raramente lo veían. De vez en cuando —me contó Yeslam— él y sus hermanos iban a la gran casa para ser inspeccionados. Su severo padre les preguntaba si habían orado, les pedía que recitasen el Corán y los recompensaba con una moneda o una palmadita.

El jeque Mohamed me fascinaba. Era un pobre hombre iletrado en una de las regiones más pobres de la tierra —Hadramat, en Yemen—, que había emigrado a Arabia Saudí, un país sin ningún signo de civilización moderna, y se había convertido en uno de los hombres más poderosos de la floreciente economía del reino. Se había convertido en una especie de barón en ese régimen medieval. Era el mayor empresario del país. Se había hecho amigo de los reyes. En cualquier cultura el jeque Mohamed habría sido considerado un genio.

Lamentablemente, ninguno de sus hijos estuvo a su altura. Yeslam fue el que más se le acercó, por su inteligencia aguda, pero era impulsivo y temeroso: carecía de la presencia de su padre. Salem dejó que la organización se estancara; Bakr no tenía visión, era pedestre. ¿Y Osama? A pesar de que ha hecho que el apellido Bin

Ladin se conozca en el mundo entero, quiero creer que su padre no habría aprobado sus actos.

Yeslam me contó que el jeque Mohamed pescó a Tabet diciendo una mentira y le pegó. Otra vez, el jeque Mohamed llevó a uno de sus hijos mayores a ver al rey Faisal. El rey invitó al muchacho a sentarse a su lado en el salón de recepciones —el rey designó un lugar en el que debería sentarse—, pero el jeque Mohamed dijo que no. Le dijo no al rey.

Mientras vivió, sus hijos nunca le desobedecieron o se pelearon entre sí. La autoridad estaba clara: la palabra del jeque Mohamed era ley.

El jeque Mohamed era un hombre apuesto y enérgico. Todavía conservo un imponente retrato de él en mi sala de estar. Con su vestimenta saudí y sus gafas oscuras irradia elegancia, fuerza e inteligencia. Sus hijos vivían intimidados por él. Al igual que sus mujeres, no conocí a ninguna saudí que no temiera a su marido. El jeque Mohamed no era violento, pero sí ejercía un poder total sobre sus esposas. Podía desatenderlas o, peor, divorciarse de ellas. Vivían confinadas, dependiendo por completo de él.

En Arabia Saudí una mujer no hacía nada sin la autorización de su marido. No podía salir, no podía estudiar, con frecuencia ni siquiera podía comer en su mesa. Las mujeres en Arabia Saudí vivían obedeciendo, aisladas y temerosas de ser expulsadas o de que sus maridos se divorciaran sumariamente de ellas.

Cuando llegué a Arabia Saudí, la madre de Haidar, la esposa favorita, todavía vivía cerca del Kilómetro Siete. Era una mujer bonita y una organizadora eficiente; con ella, me contó Yeslam, la casa funcionaba bien y su padre podía relajarse. Om Haidar era más sofisticada que algunas de las otras esposas. Era siria y muy elegante. Sonreía amablemente, su voz resultaba melodiosa y, según creo, Om Yeslam trató de seguir su modelo.

Pero Om Haidar no era quien gobernaba el clan. Todas mis suegras parecían mantener relaciones perfectamente armoniosas entre sí, aunque unas pocas vivían en Riad y en La Meca, y algunas de las esposas extranjeras —libanesas, egipcias o etíopes— iban y venían de sus países de origen a Jeddah, donde estaban sus hijos. Ni siquiera Salem, el mayor de todos, decretaba disposiciones o reglamentos, a pesar de que se lo reconocía como el líder del clan y muchas de mis cuñadas —particularmente aquellas que no tenían hermanos— dependían de él para cada decisión importante. Había una especie de entendimiento común, no hablado, que hacía que la maquinaria familiar funcionase sin que nadie tuviese que tomar el control.

Cuando llegué a Arabia Saudí, siete años después de la muerte del jeque Mohamed, no había distinciones aparentes entre las esposas y aquellas de las que el jeque se había divorciado. El jeque Mohamed, claro, se había divorciado de muchas; con una, Om Alí, se había vuelto a casar tras el divorcio. Su costumbre pasaba por mantener a las esposas de las que se divorciaba y a sus hijos en el complejo, mientras éstas no se casaran con otro hombre. Si lo hacían —como Om Tareg— se quedaba con los hijos, repartiéndolos entre las otras mujeres.

Después de muchos años en Arabia Saudí, me enteré de que, además de mantener a sus esposas y a las esposas de las que se había divorciado, el jeque Mohamed a veces tenía contactos con semiesposas. La práctica del *serah* —lo que llamaríamos concubinato, aunque la palabra no lo define perfectamente— no está bien vista en Arabia Saudí, y es algo poco habitual pero que siempre ha sido legal. Probablemente porque, en el islam, ningún hijo había de ser ilegítimo. Hacía mucho que se había establecido que un hombre podía cerrar un contrato con una muchacha, o con su padre, donde se acordara una especie de arreglo marital limitado.

El matrimonio dura una hora o toda la vida, según los términos pactados. Sea cual sea la relación, la semi-esposa no hereda la fortuna cuando el hombre muere. Si de la unión entre ambos nace un hijo, sea hembra o varón, es legítimo. El jeque Mohamed instalaba a esas madres también en su complejo y trataba a sus hijos exactamente como trataba a los otros.

Si el jeque Mohamed, por la razón que fuera, expulsaba a una de esas mujeres, siempre se quedaba con los hijos. En Arabia Saudí, el cabeza de familia —sea éste el padre o el hijo mayor— puede exigir la aplicación estricta de la *Sharia* contra un miembro del clan. Cada vez que me enfrentaba a esto, era horrible. Al cabo de los años, conocí a muchas mujeres a las que se les había prohibido por completo todo contacto con sus hijos, incluso por teléfono.

Si un hijo cuestionaba las severas costumbres y convenciones, el patriarca podía incluso condenarlo a muerte.

CAPÍTULO VIII

La vida como extranjera

Inevitablemente, según pasaban los meses, me iba adaptando a mi nueva vida. Empecé a pensar en el futuro. Una fantasía recurrente era imaginarme que redecoraba la casa: estaba encerrada en ella noche y día —a menudo, durante semanas— y la decoración me parecía horrenda.

Trataba de mantenerme ocupada, leyendo, jugando con Wafah. Un día, Osama, el hermano menor de Yeslam vino de visita. Hoy, por supuesto, es el hermano más célebre de Yeslam. Pero entonces era una figura menor: un joven estudiante que asistía a la King Abdel Aziz University de Jeddah, respetado por sus severas creencias religiosas y recién casado con una sobrina siria de su madre.

Osama estaba perfectamente integrado en la familia, aunque no vivía en el Kilómetro Siete. Era un hombre alto que, a pesar de lo frágil de su complexión, tenía una presencia imponente: cuando Osama entraba en el cuarto, se notaba. Pero no había nada en él que lo diferenciara de los otros hermanos; era algo más joven y más reservado. Esa tarde yo jugaba en el salón con Wafah, y cuando sonó el timbre de la puerta, abrí de manera automática en lugar de llamar al criado.

Al ver a Osama y Mafouz, el hijo de Aïsha, les sonreí y los invité a pasar. Para tranquilizarlos, les dije que estaba Yeslam. Pero, al verme, Osama se volvió y miró hacia atrás, en dirección a la puerta. «Por favor —insistí—, pasen». Osama hizo gestos con la mano para que retrocediera y me hiciera a un lado. Murmuraba algo en árabe, pero no entendí qué decía. Mafouz vio que aparentemente yo carecía de las reglas básicas de la etiqueta social y me explicó que Osama no podía ver mi rostro sin velo.

De manera que me fui a otro cuarto mientras mi cuñado admirablemente devoto visitaba a mi marido. Me sentí estúpida y torpe, como una extranjera.

Años más tarde, me sorprendió leer en la prensa occidental que Osama, durante su adolescencia en Beirut, había sido un playboy. De haber sido cierto, habría oído algo. Mahrouz, otro cuñado, sí tenía esa reputación: cuando estudiaba en el Líbano, había andado detrás de más de una falda, pero luego cambió y ahora es un hombre muy religioso. Jamás oí historias similares sobre Osama. En las ahora famosas fotografías que muestran a un grupo de hermanos Bin Ladin, adolescentes, en Suecia tampoco se ve a Osama. En esa época, creo, vivía en Siria. El muchacho que los medios identificaron como Osama es Salah.

Por lo que sé, Osama fue siempre devoto. Su familia lo veneraba por su devoción. Ni una sola vez oí a alguien murmurar que su fervor fuera excesivo o que tal vez se tratara de una fase pasajera.

Los Bin Ladin eran todos religiosos, aunque su devoción tenía distintos matices. Osama y Mahrouz eran los creyentes más extremos. Bakr era devoto, pero no represivo. Como muchos jóvenes saudíes, Yeslam, Salem y Hasán, otro de los hermanos, practicaban el islam de manera más ocasional, aunque, a medida que crecían, la religión pareció atraparlos.

Los varones Bin Ladin podían ser un poco más flexibles en cuanto a su observancia religiosa, estaban en su derecho. Pero eso no era extensivo a las mujeres. Todas las mujeres de la familia Bin Ladin eran muy correctas, lo que en Arabia Saudí significaba que eran devotas. Hasán estaba casado con Leila, una muchacha libanesa (una ex azafata, considerada por muchos una cabeza hueca). Todos desaprobaban sus modales frívolos y descuidados. Leila no se comportaba como se debía comportar la esposa de un Bin Ladin.

Yo trataba de ser agradable. Era consciente de lo decepcionada que debía sentirse Om Yeslam al ver que su hijo se había casado con una extranjera. Moderaba mi temperamento impetuoso. Aprendí a orar: el lavado ritual; a envolver cada centímetro de mi cuerpo en una sábana liviana; a interpretar el ballet de arrodillarme, inclinarme y permanecer así en dirección a La Meca, el lugar más sagrado del islam. Pero nunca pude orar cinco veces al día, como la mayoría de las otras mujeres Bin Ladin.

Los Bin Ladin, como todos los saudíes, se sentían muy orgullosos del santuario de La Meca. Desde niños viven el honor y la responsabilidad de La Meca, donde el profeta Mahoma fue inspirado por Alá. La forma saudí del islam es la más estricta —ellos dirían la más pura—. En el siglo XVIII, un predicador nómada, llamado jeque Mohamed bin Abdul Wahab —una especie de puritano evangelista musulmán— se sintió inspirado para hacer cambios, dado el asco que le producía la mezcla que hacía el pueblo entre el islam y las antiguas oraciones a las piedras, a los árboles sagrados y a los santuarios de los hombres santos. En 1932, Abdel Aziz ibn Saud, un caudillo del desierto, se inspiró en el jeque Wahab para conquistar y unificar toda Arabia Saudí.

De esa forma, Arabia Saudí se convirtió en el único país del mundo cuyo nombre procede de sus reyes, los al-Saud. Éstos fundaron el reino —con algo de ayuda británica—, blandiendo la espada y la Palabra. El control de un vasto país de tribus beduinas dispersas se cimentó sobre la obediencia absoluta a las leyes coránicas del jeque Wahab, con el objeto de preservar la santidad de La Meca.

El jeque Mohamed Bin Ladin era tan pío y el rey lo quería tanto que a su compañía, la Bin Ladin Corporation, le fue otorgado el derecho exclusivo para la restauración de La Meca y Medina (la segunda ciudad santa del islam). No es de extrañar que sus esposas fueran tan religiosas, aunque a veces me resultaba difícil de aguantar.

Fui a La Meca por primera vez con una conocida de origen kuwaití. En el camino, pasamos ante enormes vallas publicitarias que invitaban a los no musulmanes a no seguir adelante. Llegamos a un puesto de control: los oficiales saudíes son obsesivos a la hora de impedir que los no musulmanes deshonren los lugares santos de La Meca. Eso me ponía nerviosa. Mi madre era musulmana de nacimiento. Pero sus prácticas religiosas serían cuestionables a los ojos de los Bin Ladin. Y mi padre era cristiano, algo que nunca oculté, pero que siempre sentí que debía hacer. Había aprendido a orar, pero no me sentía una verdadera musulmana. Sin embargo, Abdou se comportó con naturalidad: «Bin Ladin» fue todo lo que le dijo al inspector y, por supuesto, fue suficiente. Llegamos justo para la oración e inicié nerviosamente el ritual de la plegaria.

Un oficial de la aterradora policía religiosa —la *mutawa*— inmediatamente empezó a gritarme y me asusté. ¿Acaso había cometido algún error crucial, algo que delataba mi inexperiencia? ¿Sería repudiada por impostora? Abdou me dijo que estaba orando en el sector de los hombres. Ni siquiera se me había ocurrido que, incluso allí, nos mantendrían separados. Pensé que nada era fácil tratando de calmar el miedo.

Fuimos un poco más adelante, al segundo sector del inmenso patio reservado a las mujeres. Oramos. Dimos las siete vueltas y bebimos las aguas del Zamzam, donde tres milenios antes Hagar, la segunda esposa de Abraham, fue enviada por Dios a que buscara agua para su hijo Ismael, padre de los árabes. Tocamos la Ka'aba, la piedra negra que Dios le dio a Abraham y que tantos millones de manos habían tocado antes que nosotros. Vimos cerrada la puerta que conduce al cuarto hermético, el lugar santo dentro del lugar santo: un espacio en donde a Yeslam y a los otros Bin Ladin se les había permitido orar.

Filosóficamente siempre creí que no importaba cómo orarle a Dios o qué textos leer (la Biblia, el Corán, la Torá). Pero en ese colosal lugar santo de la tradición, hacia el cual millones de musulmanes se inclinan a rezar cada día, hasta yo sentí su carga espiritual.

Volví a casa pensativa. Yeslam me recibió muy contento. No era el período de la santa *Hajj*, pero yo había cumplido mi *umra*, el peregrinaje menor a La Meca, sin los millones de peregrinos que convergen en la ciudad durante la época de *Hajj*.

—¡Le he contado a todos que has realizado el *umra*! —estaba orgulloso.

Parecía tan satisfecho conmigo. Cuando le hablé de la *mutawa*, se echó a reír.

Comenzamos a salir de vez en cuando, a reunirnos con otras parejas. Algunos eran banqueros e industriales expatriados, que habían llegado en masa a Arabia Saudí para participar en su auge económico. Uno o dos eran saudíes progresistas, que podían soportar el rostro sin velo de una mujer y, de manera aún más sorprendente, cenar con ella en la misma mesa. Esos momentos de normalidad me estimulaban, aunque, casi siempre, descubría que no se trataba de hogares verdaderamente saudíes: las esposas siempre eran de otra parte: Siria, Egipto o Líbano.

Después de una de esas cenas, cuando volvíamos tarde a casa, Yeslam me hizo señas para que me sentase con él en el asiento delantero. Y luego me dijo que podía quitarme el velo, si así lo deseaba. Me senté allí, observando claramente las luces de la calle por primera vez sin velo.

Fue otro hito. Meses atrás me desplazaba con el velo sobre el rostro, tenía que sentarme en la parte trasera del coche y nadie me hablaba en público. Ahora se me permitía comer a la misma mesa que un hombre que no era de la familia Bin Ladin. Me senté en el auto, al lado de mi marido, y vi las luces de las calles sin el velo. Eran pequeñas victorias. Me aferraba a esos minúsculos signos de cambio. Sentía que me llevaban hacia delante.

Ahora me doy cuenta de que los barrotes de mi jaula apenas se abrieron. Pero en esa época lo tomaba como si la puerta de la libertad, chirriando, comenzara a abrirse.

A veces todo parecía moverse tan despacio que me dominaba la desesperación. Y sin embargo, siempre resistía. Me di cuenta de que, de algún modo, era una privilegiada. Estaba viviendo un momento único en la evolución de un país. Arabia Saudí se alejaba rápidamente de la Edad Media, dando grandes saltos hacia delante en cuanto a su progreso material. Ingenuamente, creía que al cambio económico también le seguirían cambios sociales, que afectarían más allá de lo pensado a todas las mujeres saudíes. Creía que podría participar de ese momento esencial de la historia. Estaba en el lugar crucial en el momento crucial. La perspectiva de formar parte de increíbles cambios sociales, que creía a punto de suceder, era emocionante.

Y sin embargo nada parecía cambiar para las mujeres Bin Ladin. Sus vidas eran tan limitadas —tan pequeñas y borrosas— que me asustaba. Nunca salían de casa solas. Nunca hacían nada. Su única meta en la vida era asumir con el mayor rigor las reglas más restrictivas del islam. Aun cuando me lo propusiera, no podría haber vivido de ese modo y, además, tampoco aspiraba a ello.

Sentí que estas mujeres eran como mascotas de sus maridos. Las encerraban en sus casas o las acompañaban ocasionalmente cuando había un acontecimiento especial. Durante todo el día esperaban la vuelta de sus maridos —a veces también durante toda la noche— y cuando éstos llegaban, ellas cumplían su papel de compañeras alegres y hospitalarias. De vez en cuando las palmeaban en la cabeza y les hacían regalos; incluso a veces las sacaban a pasear, generalmente a las casas de otros.

Preparar esas fiestas era la única ocupación de las mujeres; eso y el elaborado pavoneo y alboroto con sus ropas formales y recargadas. Todas las reuniones para tomar el té eran iguales. Nos sentábamos formalmente en sillas incómodas. No había charlas o discusión profunda, sino mucho silencio y tacitas de té y de café, con diferentes pastas. La conversación se centraba en los hijos —que la mayor parte del tiempo se la pasaban con las criadas extranjeras— y en el Corán. A veces hablábamos de ropa.

Tenía la impresión de que ninguna de las mujeres había leído alguna vez, excepto quizás el Corán y obras de interpretación del Corán. Ni una vez vi que mis cuñadas cogieran un libro. Esas mujeres no conocían a otros hombres más que a sus maridos y jamás hablaron sobre temas importantes ni siquiera con sus esposos. Hablábamos sobre la salud de nuestros maridos e hijos. Ellas hacían esfuerzos constantes y bienintencionados por convertirme en una buena musulmana. A medida que el tiempo pasaba, llegué a ver la presencia de algunas de ellas como una distracción. Sin embargo, con la mayoría me aburría como una ostra.

Yeslam no me trataba del mismo modo que sus hermanos trataban a sus esposas. Si lo hubiese hecho, yo no habría soportado vivir en Arabia Saudí. Pero en aquellos días, Yeslam era muy distinto a otros saudíes. Me trataba como lo haría un hombre occidental: prácticamente como a una igual. Yeslam me involucraba en su vida y en sus pensamientos. Disfrutaba de mi inteligencia y apreciaba mi opinión y no existían temas vedados entre nosotros. Quería que fuera su socia, el otro miembro de un equipo de dos.

Se había convertido en una especie de rito: hablábamos mientras Yeslam se duchaba, cuando volvía del trabajo, alrededor de las 2 o las 3. Hablábamos de su día, de lo que había estado leyendo, de las noticias; parecía que nunca dejábamos de hablar. Pasamos tardes y noches sumergidos en conversaciones. A menudo el tema era la política. Casi siempre me contaba sus problemas en la Bin Ladin Organization: cambios que había planeado o sus preocupaciones por el futuro de la compañía y las frecuentes peleas y luchas internas de sus hermanos aparentemente tranquilos.

Yeslam mantenía una extraña relación con sus hermanos. Por un lado, eran sus únicos compañeros; no tenía amigos varones con quien hablar. Los miembros de su familia eran las únicas personas que contaban en la vida de Yeslam. Hay un proverbio saudí que dice: «Mi primo y yo contra el extraño; mi hermano y yo contra mi primo». Entre nómadas —y la cultura saudí está formada por nómadas del desierto— el clan es la única unidad que tiene sentido. De manera que Yeslam confiaba en sus hermanos más de lo que la mayoría de los occidentales confían en sus familias. Sabía que podía contar con ellos hasta cierto punto. Pero a mí podía confiarme sus frustraciones con el clan: las insignificantes riñas de sus hermanos y sus muchas y ocultas luchas por el poder.

A veces, mientras jugábamos al backgammon por la noche, o cuando escuchábamos música juntos, examinaba a Yeslam y tenía que aguantar la respiración. Con sus rasgos finos y sus ojos amables, era muy bello. Y me necesitaba. Sabía que me amaba. Para él yo era su fuerza —su igual—, una compañera completamente leal que se hacía a un lado y se anulaba con tal de que él pudiera seguir adelante.

En eso, creo, Yeslam era único en Arabia Saudí. La insignificancia y sumisión ciega de las mujeres saudíes forma parte de su cultura. Placer, comodidad, igualdad: tantas cosas que yo consideraba normales a ellos les eran completamente ajenas. El modo de vida saudí no era como el de Persia o de otros países árabes. La sociedad saudí se encontraba muy cerca de sus raíces, hundidas en los antiguos códigos de los beduinos, que siempre habían vivido como nómadas en un vasto desierto, aislados de las ricas culturas que existían a su alrededor. Arabia Saudí es un país severo e implacable. A veces da la impresión de que, para muchos saudíes, casi todo tipo de placer constituye un pecado.

Yo era muy joven entonces, y creía que las cosas cambiarían. Vivía para Yeslam y para Wafah, y vivía para el futuro. Creía que, con la inteligencia de Yeslam y el poder de su familia, podríamos ayudar a que las cosas cambiasen. Me aferraba a cada signo que indicase la entrada en un mundo moderno: un velo levantado en la calle; un banco sólo para mujeres, lo que significaba que las mujeres podrían tener sus propias cuentas bancarias; un canal de televisión en inglés o una nueva librería.

Pero de inmediato me sentí defraudada. El canal de televisión en inglés fue censurado. Aparte de las noticias de la última visita del rey al exterior, sólo ofrecía dibujos animados o la serie policial *Colombo*: espectáculos donde no hubiera ni besos ni políticos. La librería casi no vendía libros: los oficiales de aduana no permitían la entrada de ninguna novela romántica, ni libros escritos por judíos, ni la mayor parte de las obras que tratasen sobre religión o política en Oriente Próximo o Israel. Era para desanimarse, pero, nuevamente, supuse que sólo era una cuestión de tiempo antes de que las cosas cambiaran.

En esa época nadie podría haberse imaginado que, de hecho, Arabia Saudí se haría, con el tiempo, todavía más fanáticamente religiosa, más opresivamente conservadora. Pero los países atraviesan fases, como la gente. Muchos saudíes siguen este ciclo: cuando son jóvenes, son irreflexivos y hacen suyo lo que es cómodo y divertido en la cultura occidental; pero, luego, se casan. Por debajo siempre han mantenido su sistema de valores seguro e inflexible, que asoma a la superficie cuando crecen.

Eso pasó a los Bin Ladin durante los años que viví con ellos, y es lo que le ocurrió a Arabia Saudí mientras viví allí. Aún hoy sigue pasándole.

Entretanto, empecé a hacer verdaderas amigas. El hermano menor de Salem, Bakr, se había mudado a la antigua casa de Salem, justo del otro lado de la calle. Bakr era más bien distante; amable y gentil, pero siempre muy consciente de su alto rango en la familia Bin Ladin. Sabía que a Yeslam no le gustaba. Pero la esposa de Bakr, Haïfa, era una delicia de mujer, llena de vida: una siria rubia, de ojos celestes que, en ese momento, tenía dos hijos.

Haïfa y yo teníamos el mismo sentido del humor y críos de aproximadamente la misma edad. Ella y Bakr habían vivido un tiempo en Miami; hablaba inglés y comprendía mi claustrofobia. Pero se había mudado a Arabia Saudí años antes que yo y, por sus orígenes árabes, se había mezclado con la familia Bin Ladin con mucha más facilidad que yo.

Aunque distinta a mí, era una especie de aliada: mi homóloga árabe. Era desprejuiciada, alegre y amigable, y yo se lo agradecía. Haïfa era también una excelente imitadora. Copiaba a la perfección la manera de andar de una de las suegras y mi propia forma de caminar ladeada, con tacones altos y la cartera debajo de la *abaya* medio torcida. Era divertida.

Pienso que también yo era un alivio para Haïfa. Llegada de la atmósfera más libre de Siria, luchaba contra la estricta monotonía de Arabia Saudí, al igual que yo. Seguras en el jardín de Haïfa, bronceándonos al lado de su piscina, aullábamos de risa pensando en lo depravadas que nos considerarían nuestras suegras si pudieran vernos en traje de baño. Chapoteábamos con nuestros hijos. Y fue Haïfa quien me enseñó, incluso más que Yeslam, lo que no sabía sobre la etiqueta, así como sobre los casamientos, funerales y acontecimientos en los que, como mujer Bin Ladin, tenía que participar.

La primera vez que tomé la decisión de ir caminando hasta su casa al otro lado de la calle —la primera vez que fui a casa de Haïfa *a pie, yo sola*, en lugar de llamar a mi chófer—, Haïfa se rió como loca.

—¡Carmen! —gritó—. ¡Revolución! Mañana todos los Bin Ladin van a decir: «¡Vimos a Carmen en la calle!».

Haïfa amaba a su esposo. No era un matrimonio arreglado: se habían conocido en Siria y se habían enamorado (algo que raramente percibí en las parejas de los Bin Ladin). En 1978, Haïfa dio a luz a una niña, su tercer hijo. Al dia siguiente fui a felicitarla, justo cuando Bakr llegó con sus dos hijos. Les dijo: «Besad la mano de vuestra madre. Ella os ha dado una hermanita». Fue algo formal, pero hermoso. Pensé que se veía el respeto. Había verdadero amor en ese matrimonio; era uno de los pocos matrimonios sinceros que vi en Arabia Saudí.

Me quedé otra vez embarazada. Estaba encantada y me parecía que Yeslam también. Compañía para Wafah —otro bebé— y, seguramente, esta vez sería un varón. Todo el clan Bin Ladin parecía estar contento con la noticia: en todas partes me felicitaban con augurios del tipo: «¡*Insh'allah* tengas un varón!». El parto sería para julio de 1977. Volé a Ginebra un par de meses antes, para asegurarme de que iba a ser correctamente atendida.

La familia Bin Ladin tenía derecho a usar las suites especiales de la familia real en los mejores hospitales saudíes, pero no confiaba demasiado en sus médicos. La mayoría habían hecho sus prácticas en Siria y Egipto, y parecían muy dispuestos a llenarte de píldoras e inyecciones. Las otras mujeres Bin Ladin generalmente daban a luz en Jeddah, pero para las revisiones especiales con frecuencia iban al exterior: a Europa o a los Estados Unidos. Buena parte de nuestros viajes siempre estaban relacionados con consultas médicas.

Mi madre y mis hermanas se ocuparon de mí en las últimas semanas de embarazo. Descansaba al sol de la suave primavera, mientras veía jugar a Wafah en el jardín de mi madre, igual que yo lo había hecho muchos años antes. Debo decir que Wafah se sentía muy cómoda en la casa de su abuela, y Yeslam nos visitaba con frecuencia. Fue una época agradable, que en los años siguientes recordaría mucho.

Desear un varón no era sólo un capricho en esas últimas semanas de embarazo. Para las mujeres saudíes resulta esencial tener varones. No es sólo una cuestión de status personal (aunque, para muchas mujeres, es parte del asunto: que te llamen Om Alí suena mucho mejor que Om Sara). Puede ser una cuestión de supervivencia básica.

Ante la posible muerte del marido, si la mujer sólo tiene hijas, ella y las hijas —aun cuando éstas sean adultas— pasan a depender del pariente varón más cercano del esposo. Éste es su guardián y debe aprobar hasta las decisiones básicas, tales como viajes, educación o la elección de un marido. A una familia compuesta sólo por mujeres se la discrimina, incluso en términos de herencia. Cuando el marido muere, si sólo ha dejado hijas, el cincuenta por ciento de su herencia vuelve a sus padres y hermanos. La mujer y las hijas sólo reciben la mitad.

Únicamente si la mujer tiene hijos varones la herencia entera será para ellos. Y, una vez adulto, el hijo mayor actuará como guardián de su madre y hermanas.

Insh'alla hubiese tenido un varón.

Finalmente, poco antes de lo previsto, empecé con contracciones. Antes de dirigirme a la clínica para el parto, llamé por teléfono a Yeslam, que todavía estaba en Arabia Saudí.

—¿No puedes esperar hasta mañana, cuando llegue mi avión? —preguntó con un tono bastante enfurruñado. Me reí de él; estaba tan acostumbrado a hacer lo que quería. ¿Acaso pensaba que podía atrasar el nacimiento del bebé para acomodarme a sus horarios?

Nació una niña, una niña muy hermosa. Era perfecta. La quise de inmediato. La llamamos Najia, un nombre que siempre me gustó. Significa lo mismo que Yeslam: «protegida».

Najia era una delicia, el bebé más hermoso que una madre podría desear, y enriqueció mi vida. Era muy dulce y frágil. Y ahora, que conocía mejor lo que le esperaría en Arabia Saudí, lamentaba que no hubiera sido varón.

A veces, viendo a las niñas, me preguntaba si a Yeslam, de haber sido europeo, le habría planteado tantos problemas tener dos hijas. Cuando notaba mi inquietud, Yeslam trataba de confortarme. Insistía en que no importaba, pero algo en mi interior me decía lo contrario. Y sentí que lo había defraudado.

Ahora sé que en Arabia Saudí era vital tener un varón. Si hubiese tenido un hijo, lo habría educado para que supiera que las mujeres son iguales que los hombres. Si algo le hubiese pasado a Yeslam, habría protegido a sus hermanas. Con un varón, incluso sin la ayuda de Yeslam, habríamos tenido un defensor.

En ese momento no podía saberlo, pero, en cierto sentido, fue Najia quien, años más tarde, nos salvaría a todas. Si hubiese tenido un varón, me habría quedado en Arabia Saudí. Éramos ricos y respetados; nuestra vida allí era cómoda. Pero como tenía dos niñas de quien preocuparme, en los años siguientes me volvería más sensible a las condiciones pésimas y opresivas que sufre una niña saudí. Con la pequeña Najia y Wafah a mi cuidado, me sentí, a la larga, obligada a abandonar el país. No podía permitir que mis hijas se sometiesen a la cultura saudí.

De modo que a Najia la mandó el cielo. No sólo era una delicia; también me dio la fuerza necesaria para liberarnos de Arabia Saudí.

CAPÍTULO IX

Dos madres, dos bebés

En agosto volvimos a Arabia Saudí. Hacía muchísimo calor y un grupo de hermanos Bin Ladin hizo planes para pasar un día en la casa de campo familiar en Taef, en las montañas, a unas dos horas de Jeddah. Se trataba de una casa amplia, construida entre 1950 y 1960, carente de todo encanto, pero se estaba un poco más fresco. Era un cambio en la rutina. Las mujeres nos instalamos en la parte de las mujeres, con los niños.

Mi pequeña Najia contaba apenas unos meses cuando la esposa de Osama, Najwah —una muchacha siria, la hija de uno de los hermanos de la madre de Osama— tuvo a Abdallah. El bebé de Osama berreaba durante horas. Tenía sed. Najwah intentaba darle agua con una cucharita, pero era obvio que el pequeñito no podía beber de una cuchara. Mi pequeña Najia bebía de su biberón y yo se lo ofrecí a Najwah.

—Tómalo, está sediento —le dije. Pero Najwah no quería usarlo. Casi lloraba.

—No quiere el agua —repetía—. No tomará de la cuchara.

Om Yeslam tuvo que explicarme que Osama no quería que el

bebé usara biberón. Y no había absolutamente nada que Najwah pudiera hacer. Estaba triste y se sentía impotente: era una persona gris, muy joven, que acunaba al bebé en el pliegue del brazo, mientras lo observaba, obviamente afligida. Yo no podía soportarlo.

Afuera hacía un calor extenuante. Un bebé puede deshidratarse en cuestión de horas con tales temperaturas. Me resultaba increíble que alguien pudiera hacer que su pequeñín sufriera tanto por una idea tan ridícula y dogmática sobre una tetina de goma. Me negaba a quedarme ahí sentada, viendo lo que pasaba.

Seguramente Yeslam haría algo. No podía ir hasta el lado de la casa donde estaban los hombres para pedirle que intercediera: siendo cuñada, no se me permitía entrar sin velo allí. Pero una hermana, que había crecido sin velo con sus hermanos, sí. Le supliqué a una de las hermanas que llamara a Yeslam.

Cuando llegó Yeslam, lo increpé:

—Ve y dile a tu hermano que su hijo sufre —dije—. El bebé necesita un biberón. Esto se tiene que terminar.

Pero Yeslam volvió, meneando la cabeza. Me dijo:

—No hay nada que hacer. Así es Osama.

No podía creerlo. De vuelta a Jeddah la cosa empezó a obsesionarme. Osama podía hacer lo que quisiera con su mujer e hijo: se daba por sentado. Su esposa no se atrevía a desobedecerlo: eso también se daba por sentado. Peor aún, nadie se animaba a interceder. Hasta Yeslam parecía aprobar que el dominio de Osama sobre su familia fuera absoluto. La fuerza y el don de mando que una vez había visto y admirado en Yeslam parecían haberse disipado en el aire caliente de Arabia.

Mientras Yeslam conducía de vuelta a Jeddah, iba sentada, con el velo puesto, los puños apretados, mirando en silencio el mundo vacío al otro lado de la ventanilla. Estaba sofocada.

Seguro que Osama no quería perder a su hijo. No era que no le importase en absoluto el bebé. Pero, para él, el sufrimiento del niño era menos importante que un principio que probablemente, imaginaba, venía de algún versículo del Corán, del siglo VII. Y su familia se encontraba intimidada, en completo silencio, por el fervor de Osama. Para ellos, como para la mayoría de los saudíes, uno nunca es demasiado excesivo en cuestiones de creencia religiosa.

Así me di cuenta de mi impotencia. Me puse en el lugar de Najwah. Desde el nacimiento de Najia, había estado rondándome la cabeza una cuestión importante: con dos hijas pequeñas, ¿qué me pasaría si Yeslam ya no estuviera? Toda mujer en Arabia Saudí necesita un guardián que apruebe casi todo lo que ella haga. Si Yeslam no estuviera, y si yo no tuviese un hijo varón que asumiera el papel de guardián —mío y de mis hijas—, el que estaría a cargo sería uno de los hermanos de Yeslam. Dependería en todo de ese hombre.

A menos que tuviese un hijo, necesitaría la aprobación de un cuñado para abandonar el país o, incluso, Jeddah. A Wafah y a Najia podría negárseles la educación o ser obligadas a casarse con una persona elegida por el guardián, sin ninguna participación mía. Hombres como Osama podrían, algún día, decidir sobre mí y mis hijas. Y no habría absolutamente nada de nada que yo pudiera hacer al respecto.

Durante todo ese largo viaje de vuelta, pensé en las madres que habían sido forzadas a vivir sin sus hijos. Era la letanía de las esposas que carecían de control sobre sus vidas: mujeres sin derechos. Una de ellas era Taiba, hermana de Yeslam y personaje trágico. Su marido se había divorciado de ella y se había quedado con sus dos hijas pequeñas (tenían cuatro y siete años cuando las conocí). A Taiba sólo se le permitía verlas los viernes por la tarde. Om Yeslam decía que las niñas lloraban amargamente cada vez que Taiba tenía que dejarlas. Taiba era una mujer triste y apagada; de algún modo, envejecida y gastada, a pesar de que debía tener menos de 30 años.

Ula Sebag, una amiga muy querida, se había casado con un estadounidense de origen palestino que trabajaba en la embajada de los Estados Unidos. Ula, que era sueca, había estado antes casada con un saudí y luego se había divorciado. Había planeado quedarse con su hijo de dos años: a pesar de que el hombre podía elegir quedarse con el hijo después de desembarazarse de la mujer, es bastante común permitirle al niño pequeño quedarse con su madre. Pero una tarde, en Beirut, en casa de la modista, Ula soltó la mano de su hijo. Pocos minutos después, éste había desaparecido, secuestrado por su padre saudí. Ula nunca volvió a verlo, aunque rogó por, al menos, una visita.

Najia, otra de las hermanas de Yeslam, se casó poco antes de que yo llegase a Arabia. Después de divorciarse, nunca volvió a ver a sus hijos. Le pregunté: «¿Por qué tus hermanos no hacen algo?». Y Najia se limitó a decirme con una sonrisa: «Ah, Carmen», como si yo fuese una especie de idiota. Una nunca puede decir nada malo de los hermanos. Y una orden del marido no puede ser cuestionada.

Eso me carcomía. Sentía un enorme peso en mi interior. ¿Qué pasaría si Yeslam tuviese un accidente en ese preciso momento, conduciendo de vuelta a Jeddah? ¿Qué pasaría si ya no estuviera allí para proteger mis ahora amargas libertades? ¿Cuál sería el destino de mis hijas como mujeres saudíes? ¿Quién decidiría sobre sus vidas? ¿Sería Salem? ¿Bakr? ¿Ibrahim? ¿Y quién podría decir en qué se transformarían esos hombres ricos y con poder? Me convertiría en una especie de mendiga, completamente dependiente de sus caprichos, mientras ellos controlaban cada pequeño detalle de la vida de mis hijas.

Por primera vez sentí que entre Yeslam y yo se abría un verdadero abismo, un asunto que, para mí, era más importante que cualquier otra cosa en el mundo. Cuando quise que me tranquilizara sobre lo que me estaba torturando, pareció restarle importancia. Necesitaba que tomara medidas para resolver el problema, algún plan, un mapa que pudiese guiarme en caso de tragedia, asegurarme de que —pasara lo que pasara— yo siempre estaría a cargo de nuestras hijas. Quería que él me dijera que siempre velaría por nosotras, la seguridad de que siempre estaríamos a salvo de los caprichos de esos hombres. Para mí, el hombre protege a su familia, piensa de antemano y toma las decisiones necesarias para que todos estén a salvo.

Pero, de algún modo, eso no le preocupaba. Yeslam no podía entender la magnitud de mi temor. Y cuando me di cuenta de eso, tuve mucho más miedo.

De repente sentí que estaba sola. Necesitaba ayuda. Y me sentía impotente.

Nada volvió a ser como antes después de aquel día en Taef. Mis esperanzas de un mundo más libre en el futuro, en el que las mujeres pudiesen intervenir en la vida de sus hijos, se hicieron añicos y quedaron enterradas para siempre en la arena del desierto árabe por la dogmática percepción wahabi del islam. El miedo y la soledad que sentí tiñeron todo lo que vi y viví en los años que siguieron. A pesar de que intentaba comportarme como si todo fuera normal, una nueva preocupación me acompañaba a todas partes. Ya no era una madre libre de preocupaciones. El futuro tenía ahora un sabor amargo.

CAPÍTULO X

Prisionera en mi propia casa

Traté de ocultar el pánico y proseguir con mi vida. Me distraje con un nuevo proyecto. Om Yeslam y Fawzia habían decidido mudarse y Yeslam les había dado una parcela de tierra colindante con la nuestra. Ahora que Yeslam y yo teníamos dos hijas, éramos una verdadera familia. Y ahora intentaría hacer que la nuestra fuera una casa verdadera, un hogar.

Contraté a un cocinero —no tenía ganas de trabajar en la cocina como Om Yeslam— y diseñé planos para derribar las paredes y abrir nuestros cuartos sombríos y mal planificados. Diseñé una cocina nueva contigua a la casa, grandes paneles de vidrio corredizo para abrir la sala de estar y nuevos cuartos para las dos sirvientas.

Nuestros sirvientes varones —el criado, el cocinero, el jardinero, el portero y los dos chóferes— vivían en un alojamiento separado, al lado del portón. Una tarde que el intercomunicador no funcionaba me dirigí hacia sus habitaciones para llamar a Abdou, mi chófer. Al asomar la cabeza por la puerta, vi una escena de tal miseria que no pude evitar investigar más. Mientras los sirvientes estaban viendo un partido de fútbol en las habitaciones del servicio doméstico de Bakr, le pedí a Abdou que se quedase en la puerta y se asegurara de que nadie me siguiera. No podía arriesgarme a estar sola con uno de los sirvientes en sus dormitorios. Cuando inspeccioné rápidamente los cuartos, descubrí una cocina increíblemente sucia que olía a hediondez; las paredes estaban negras de mugre. Hasta los dormitorios daban asco.

Era mi propia casa, pero me sentía casi como si estuviera invadiendo una propiedad ajena. Nunca mujer alguna había estado en esas habitaciones. Los hombres que allí vivían iban a sus casas para ver a sus esposas y familias tal vez una vez cada dos años. Despreciaban lo que consideraban trabajo de mujeres, y aunque tenían que limpiar mi casa, vivían en sus propios cuartos casi como animales. Me sentí horrorizada ante lo que acababa de encontrar dentro de los muros de mi propia finca. Compré pintura y les di dinero para que compraran muebles nuevos. Insistí en que limpiasen.

Mientras tanto, empecé a redecorar la casa. Era un alivio, aunque no había previsto la dimensión del desafío. Comprar muebles era casi imposible: no había comercios. Finalmente, descubrí que una mujer libanesa, casada con un saudí, había instalado una tienda de muebles, o algo parecido, en el primer piso de su casa: muebles modernos que compraba en Europa. Era un negocio extraño —mitad casa, mitad almacén—, pero, al menos, me las arreglé para encontrar alfombras nuevas y gruesas de color crema. No soportaba las desagradables alfombras verde oscuro de pared a pared.

Sin embargo, ¿cómo decorar la casa con alfombras? Dado que no debía ser vista ni hablar con los obreros, tenía que suponer que conocían el oficio y confiar en el secretario egipcio de Yeslam para que dirigiera la cuadrilla. Me resigné a esa obvia pérdida de tiempo y energía, le di instrucciones al hombre y, cuando llegó la cuadrilla de obreros, acepté retirarme a otro cuarto todo el día. Hubo polvo, ruido y las niñas estuvieron inquietas. De noche, cuando me asomé, mis ojos encontraron el caos. La alfombra había sido puesta en ángulos rectos respecto a las nuevas ventanas, de manera que cada costura era claramente visible. No estaba mejor que la vieja alfombra verde de mala calidad.

Le dije a Yeslam que el trabajo debería volver a hacerse; suspiró y a la mañana siguiente dio instrucciones a los obreros para que sacaran la alfombra y la volvieran a poner. Al día siguiente regresamos a nuestro enclaustramiento. Esa noche, las costuras de la alfombra eran menos evidentes, pero habían dejado un pedazo con imperfecciones. Y como no quería vivir durante años con ese error tan obvio, le dije a Yeslam que deberían volver a hacer el trabajo.

No estoy segura de que Yeslam entendiera de qué le estaba hablando y seguro que se sentía frustrado: tenía mejores cosas de qué ocuparse y, habiendo vivido en Occidente, todo este embrollo le parecía casi tan tedioso como a mí. Así que, al día siguiente, se limitó a decirme:

—Ve. Díselo tú misma.

Ése fue un paso gigantesco. Que una Bin Ladin le hablara a un obrero —alguien de fuera, ni siquiera un sirviente de la casa, prácticamente un extraño— era algo inaudito. Cubrí mi cuerpo y mi cabello en mi *abaya*, pero no oculté mi rostro detrás del velo negro: tenía que ver bien. Y entonces fui a ver a los obreros y decirles qué hacer.

No me miraban. Les dije que quitaran la alfombra nuevamente. No me escuchaban. El obrero sudanés que estaba poniendo la alfombra, siguió haciéndolo. Volví a repetírselo. Levanté la voz. Giró apenas la cabeza, sin mirarme.

—No recibo órdenes de mujeres —gruñó.

Sólo cuando llegó el secretario de Yeslam e indicó repetidas veces que yo era la que mandaba y que debían escuchar lo que les decía, la ahora sucia y gastada alfombra fue finalmente instalada. Más tarde, en mi dormitorio, hervía de frustración. No sabía si reírme o llorar. Cada mínimo gesto que hiciera en ese mundo parecía controlado por un hombre. Nunca en mi vida me sentí tan dependiente.

Pero me tranquilicé: la vida iba cambiando. Ahora, a nuestro alrededor, había edificios. Cuando llegué por primera vez, las casas de los Bin Ladin en el Kilómetro Siete se encontraban completamente aisladas; el desierto estaba justo detrás de mi jardín. Jeddah se había convertido en una construcción que se extendía hasta donde estábamos nosotros, camino de La Meca. La Plaza del Burro con sus tiendas escuálidas y oscuras se estaba transformando en la Plaza de la Cúpula, con un amplio y moderno espacio muy bello. Cada vez que volvía de alguna estancia en Ginebra, descubría nuevas partes de la ciudad.

Así que, en un sentido físico, Arabia Saudí estaba cambiando; cambiando a pasos agigantados. Ningún lugar del planeta se había desarrollado nunca tan rápidamente como Arabia Saudí en los cinco o seis años de mi vida allí. Medio siglo antes, la gente se envolvía de noche con sábanas mojadas para poder refrescarse y dormir; ahora todo el mundo tenía aire acondicionado. Había vendedores de coches por todas partes. Algunos recibían camellos como parte de pago de un Toyota.

Inundados con petrodólares, nada era demasiado para los saudíes.

Surgían las primeras tiendas de moda, atendidas sólo por mujeres, de manera que una podía quitarse el velo y mirar la ropa, o incluso desvestirse para probarse prendas. Las mujeres entraron en un frenesí de compras. Ahora, bajo sus velos, las mujeres más jóvenes estaban maquilladas como estrellas de cine y vestidas con los últimos diseños europeos.

Las peluqueras todavía venían a casa: el cabello era una preocupación mayor, oculto y luego exhibido eróticamente sólo para los maridos. Las mujeres continuábamos viviendo en un aislamiento casi completo, pero las tiendas rebosaban de accesorios del mundo moderno (aparatos electrónicos y zapatillas caras). Y, de repente, un supermercado Safeway se instaló en el centro de la ciudad.

Ir de compras al Safeway se convirtió en el colmo de la felicidad. Los chóferes nos llevaban en grupo. (Las Bin Ladin nunca parecían sentirse cómodas solas fuera de sus casas.) Allí nos quedábamos boquiabiertas delante de las estanterías. Todo producto moderno podía comprarse y se compraba. Llenábamos carrito tras carrito con gelatina de sabor a fruta, sopas Campbell, quesos y chocolates suizos. El pan todavía venía con gorgojos —yo insistía a mi cocinero para que aprendiera a hornear pan—, pero ahora teníamos trozos de piña y leche de verdad. Sabía a progreso.

Aunque para entonces me había acostumbrado a mi *abaya* y a sus pliegues incómodos, ocasionalmente aún me traicionaba. Un día iba de compras con mi chófer Abdou, cuando tropecé con la tela. Rodé escaleras abajo y, de algún modo, me las arreglé para enrollarme en los pliegues. Estaba atrapada, como una momia, y era completamente incapaz de incorporarme. Levanté levemente la cabeza; pude ver que Abdou sonreía abochornado. No se atrevía a acercarse para ayudarme. También me reí —no pude evitar ver el lado cómico de la situación— y, torpemente, logré ponerme de pie sin su ayuda.

Hasta las sobrias Bin Ladin sufrieron la fiebre del consumo. Safeway fue apenas el principio; ahora también mis cuñadas comenzaban a redecorar. Pero los muebles que elegían eran chillones y estridentes, imitaciones terribles de los objetos que yo había escogido cuidadosamente. En la casa de Fawzia todo tenía colores vivos, brillaba y no combinaba. Conservaba las flores de plástico. En el cuarto de baño la cañería estaba a la vista; un trabajo muy mal hecho. Fawzia y las demás nunca me felicitaron por la casa que me había esforzado en levantar; no creían que mereciera su admiración. Se copiaban de mí y, sin embargo, eran prepotentes. Siempre se llegaba a lo mismo: ellas eran saudíes; yo, no.

Leía vorazmente; casi tenía una biblioteca. De Ginebra traje cajones cargados de libros: los temerosos oficiales de aduana no tuvieron la audacia suficiente para buscar en el equipaje de una Bin Ladin contrabando literario. Leía política, economía, biografías, filosofía: todo aquello que constituyera un desafío y cayera en mis manos. En una ocasión leí un artículo sobre la ablación femenina, la horrible práctica de mutilar los genitales de las niñas, que aún es común en Egipto y en algunas partes de África Occidental.

Om Yeslam andaba por la cocina y yo estaba tan enfadada con lo que había leído que se lo conté. Supongo que buscaba consuelo. Por cierto, no me esperaba la reacción que tuvo. Me sonrió y me dijo:

—No es tan malo, ¿sabes? Viene una mujer egipcia y te hace un cortecito, un cortecito y nada más. La niña es muy pequeña. No le duele mucho.

¿Acaso Om Yeslam se contaba entre las mujeres que habían sido tan bárbaramente mutiladas? ¿Y Fawzia? ¿O acaso Aïsha, la hija mayor del jeque Mohamed? ¿Cuántas de las esposas e hijas de la familia cargaban con esa horrible cicatriz emocional y física entre todos sus otros secretos? ¿No había término para el dolor que las mujeres saudíes tenían que soportar? Corrí hacia mis hijas y las abracé un buen rato. Mis niñas perfectas.

Poco a poco fui sintiendo los comienzos del progreso social. Los saudíes más jóvenes y de pensamiento más moderno empezaron a relajar el sometimiento a las tradiciones. Unas pocas mujeres —pero cada vez más— se quitaron el velo negro del rostro. Caminaban por los centros comerciales (aunque rara vez por las calles públicas), exponiendo los triángulos desnudos de sus rostros, a pesar de que aún todas tenían que llevar la abaya sobre el cabello y el cuerpo. Hasta Om Yeslam se quitaba el velo delante de su chófer. Incluso empezó a hablarle directamente a él.

Mientras tanto, juré que en mi casa sería yo misma. La vida afuera estaba lejos de lo normal, pero yo dirigiría mi casa a mi manera. Sería un refugio: mi refugio.

Consideraba que los sirvientes eran personas como yo, pero con circunstancias distintas, e intentaba comprenderlos. Sabía que les caía bien: era amable y no les ladraba las órdenes como las otras mujeres; mis hijas decían «por favor» y «gracias». Aun siendo exigente, nunca era insultante. Eso era inusual y se notaba mucho. Los Bin Ladin veían a los sirvientes como cosas: funcionaban de manera correcta o eran estúpidos.

Una vez, después de una tormenta de arena, le pedí a nuestro viejo portero paquistaní que limpiase la terraza de mármol que habíamos construido. Buscó la fregona nueva, que yo había comprado, la mojó y comenzó a moverla en círculos. El resultado fueron círculos de barro. Repetí la orden; el resultado fue el mismo. Admito haber levantado la voz, estaba exasperada. Le pregunté qué era lo que no entendía de esa tarea tan simple. Me contuve. ¿Qué sabía ese pobre hombre de fregar el suelo? Había vivido la mayor parte de su vida sobre un suelo de tierra batida. De modo que me quité las zapatillas, me remangué los pantalones y le enseñé a fregar.

Yeslam llegó justamente en ese momento. «¿Qué estás haciendo?», me gritó furioso. Entré en casa. No sabía qué era peor: exhibir mis pies ante un hombre o fregar. Una Bin Ladin no hace ninguna de las dos cosas.

Ese incidente me pareció bastante gracioso; pero, en otras ocasiones, no fui tan conciliatoria. Una vez descubrí al chófer yemenita de Yeslam, había estacionado dentro de nuestro complejo, delante de nuestra casa y mantenía el motor encendido. Incluso desde una distancia de varios metros podía sentir el calor que salía del motor y oler cómo ardía. Le dije:

—Apague el motor, va a recalentarse.

Pero el chófer de Yeslam me ignoró.

—Tengo que dejar el aire acondicionado en marcha para el jeque Yeslam —dijo.

Cuando le insistí, agregó:

—No recibo órdenes de mujeres.

Era tan insultante y absurdo: ¡el coche estaba a punto de estallar en llamas! Entonces le grité:

—¡Cuando el jeque Yeslam no está en casa, soy yo la que manda!

Bakr oyó el alboroto desde su casa, al otro lado de la calle, y vino para intervenir. Inútil decir que el chófer apagó el motor de inmediato.

La vida proseguía. Instalamos una pista de tenis. Anhelaba tanto hacer ejercicio. Yeslam había aprendido a jugar en Los Ángeles y yo pedí docenas de raquetas y zapatillas de todos los tamaños: comenzamos a invitar gente con el objeto de hacer reuniones para jugar al tenis los jueves por la noche.

Ése fue otro intento de crear una vida normal. Usaría ropas normales; serviríamos filetes asados, como en los Estados Unidos, y cerveza. Comprar alcohol en el mercado negro era un poco delicado: está prohibido en Arabia Saudí. Pero el personal de las embajadas lo traía en la valija diplomática y los chóferes llevaban a cabo un comercio soterrado. Abdou, mi chófer, compraba cerveza a los chóferes de una embajada africana. Estábamos a salvo: la policía religiosa nunca se atrevía a inspeccionar los hogares de los príncipes... o de los Bin Ladin.

Yo era la única mujer de la familia que recibía hombres en casa. Haïfa solía decir:

—Al menos Yeslam vuelve a casa. Pasa tiempo contigo. Te habla. Te deja vivir tu vida.

Haïfa no estaba celosa. Se alegraba por mí, señalando de qué modo Yeslam era especial. No se enfrentaba al mundo del mismo modo en que yo parecía necesitar hacerlo. Trataba de ayudarme a que me adaptase a mi vida saudí, a que fuera feliz.

Creo que mis reuniones de los jueves por la noche preservaron mi salud mental. Venían extranjeros: gente de las embajadas, hombres de negocio occidentales y unos pocos árabes que trabajaban para corporaciones multinacionales y que se habían dirigido hacia el floreciente Golfo sólo para acabar traumatizados por su aislamiento social. Los hombres de negocios, en particular, se sentían infinitamente agradecidos por esta pausa en sus deprimentes cuartos de hotel, donde, a menudo, esperaban durante semanas para ser recibidos por algún príncipe o por algún arrogante hombre de negocios local. Comerciar con Arabia Saudí era muy difícil para ellos: las interminables esperas, la inactividad, todas las restricciones.

Muchos expatriados que vivían en Arabia Saudí se sentían tan desesperados por encontrar diversión que destilaban su propio alcohol ilegal en la bañeras. Una vez, en Safeway, vi a una inmensa turba de expatriados, todos concentrados alrededor de una estantería de chocolates, cargando como locos docenas de cajas en cada uno de sus carritos. Curiosa por lo que estaba sucediendo, examiné las compras de un hombre en la fila de las cajas. ¡Era chocolate de licor, con Kirsch! Me reí muchísimo. Obviamente, se le habían escapado a algún oficial de aduanas.

Nuestros jueves estaban abiertos a todo el mundo; de 25 a 70 personas. Algunos venían regularmente, como el embajador de los Estados Unidos, John West, y su esposa Lois, amigos que conservo hasta el día de hoy. Su hija Shelton tenía alrededor de 20 años. Apenas podía imaginarme lo difícil que la vida saudí debió resultarle a una muchacha estadounidense joven y soltera, en una sociedad tan cerrada.

Sin embargo, la atmósfera de nuestra casa era tan relajada como en los acontecimientos sociales que tanto había disfrutado en Estados Unidos. Preparamos una sala de televisión, con vídeos, para los niños. La gente traía a sus amigos. Para los expatriados, esas veladas se convirtieron en un acontecimiento que se inscribía en el calendario social de Jeddah. La primera vez que vino la mujer del embajador belga estaba resplandeciente, con un vestido largo y recargado, pero cuando me vio con mis pantalones Capri, junto a hombres que llevaban shorts, se sobresaltó de manera ostensible.

—¡Uy, realmente *es* informal! —exclamó—. Cada vez que en este país alguien dice «informal», todo el mundo está vestido con traje de noche. ¡Esto me resulta tan inesperado!

El tenis era una distracción: relajaba el ambiente. La mayoría de nosotros charlaba. La gente llegaba con las últimas noticias; se hablaba de política o de libros. (Mis muy envidiadas estanterías se estaban convirtiendo en una especie de biblioteca comunitaria.) Otras veces, los hombres de negocios hablaban de los grandes contratos que estaban cerrando y de las crecientes oportunidades del país.

Ésa era la gente que estaba construyendo la nueva y moderna Arabia Saudí. Hablar con ellos —oírlos y que me escucharan— se convirtió en mi salvación. Era estimulante, un desafío. Y el hecho de socializar también fue bueno para los negocios de Yeslam. Cuando estos hombres —generalmente directores de importantes corporaciones— venían al hogar de Yeslam a jugar al tenis, a comer y a beberse una cerveza, a Yeslam se le abrían nuevas puertas. Algo lo hacía diferente a los demás saudíes. Ser invitado a la casa de Yeslam era algo especial.

Yeslam se estaba volviendo influyente. Pertenecía a la gran familia Bin Ladin. E incluso dentro de la jerarquía de los hermanos, Yeslam crecía y se convertía en un personaje importante, alguien a quien tener en cuenta.

A veces Yeslam invitaba a hombres saudíes a participar en esas reuniones de tenis, pero nunca vino ninguna mujer saudí. Cuando había saudíes, me desafiaba a mí misma a mantener la normalidad. Pensaba que si los hombres me veían hablando libremente con Yeslam, se acostumbrarían a eso y, tal vez, se dieran cuenta de lo rico y valioso que sería tener una relación de intercambio y de compañerismo con sus esposas. Creía que estaba ayudando a que la sociedad saudí evolucionara. Pero tal vez la mayoría de los saudíes sentían que esa atmósfera informal era demasiado amenazadora como para soportarla. A pesar de que pasaban por la casa, los hermanos de Yeslam nunca se quedaban.

Un jueves por la noche, en 1978, todos los diplomáticos hablaban sobre el último rumor que corría en Jeddah. Una joven sobrina nieta del rey, la princesa Mish'al, había sido asesinada a sangre fría en un aparcamiento en el centro de la ciudad. La joven Mish'al había sido prometida en matrimonio a un hombre mucho mayor. La chica había intentado huir del país con su amante, utilizando otro pasaporte. La capturaron en el aeropuerto.

Ninguna mujer puede abandonar Arabia Saudí —o viajar fuera de la ciudad donde vive— sin el permiso escrito de su esposo, padre o hijo. La mujer nunca es legalmente adulta. Pero hay una cadena subterránea de mujeres que trafica pasaportes y autorizaciones. Dado que ningún oficial de aduanas se atrevería a pedirle a una mujer que se quite el velo, no es difícil asumir otra identidad.

Sin embargo, Mish'al había sido capturada. No sé cómo. Y su abuelo, el príncipe Mohamed, el hermano del rey Jaled, ordenó que la matasen por avergonzar a su familia. El rey Jaled, al menos aparentemente, se había opuesto a la orden de su hermano, pero el príncipe Mohamed había insistido en que la asesinaran y él era el patriarca de su clan. No hubo juicio: me dijeron que a Mish'al le dispararon seis veces en el aparcamiento. Un británico que pasaba había sacado fotos. Ahora, para furia del gobierno saudí, la BBC estaba planeando emitir un documental.

Me quedé helada. Durante mucho tiempo pensé en el asunto. Un abuelo ordenaba que su joven nieta fuera asesinada por haberse enamorado y nadie podía impedirlo.

Ni siquiera se trataba de una cuestión islámica. En cierto sentido, era algo más profundo. No había habido un proceso ante un tribunal islámico; no había habido edicto alguno de los imanes. La fuerza que impulsaba ese acontecimiento dramático y horrible era la antigua cultura beduina de Arabia Saudí: costumbres salvajes y amargas que regían a la sociedad hasta ese día.

En la cultura beduina, la lealtad hacia el clan es todo lo que cuenta. Como nómadas, los beduinos viajan con poco: la familia es el ancla de la tribu. Las mujeres y los camellos son las únicas posesiones de los beduinos. La falta de misericordia, en el desierto, es un valor. Por razones que ni siquiera puedo imaginar, el honor no viene de la compasión ni de las buenas obras: se centra en la absoluta posesión de las mujeres. Éstas de ningún modo son libres para experimentar emociones como el amor o el deseo. Una mujer desobediente deshonra a su clan y se la elimina.

Mi primer pensamiento, al enterarme de lo de Mish'al, fue para mis inocentes hijas. Eso podía ocurrirles algún día a Wafah o a Najia. Uno de sus tíos podría ordenar la muerte de su sobrina. Y yo me sentiría impotente. No hay palabras para describir la ira y el pánico que de nuevo sentí ese día. Si nuestro viaje familiar a Taef había simbolizado mi primer encuentro con la realidad de Arabia Saudí, la muerte de Mish'al fue el segundo.

* * *

Decidí celebrar juntos los cumpleaños de Wafah y de Najia, en mayo. No tenía idea de cuántos dilemas religiosos se producirían por esa sencilla e inocente decisión. Me limité a seguir adelante y llamar a todas mis cuñadas para invitar a sus hijos. Mi cuñada Rafah se sintió particularmente sobresaltada.

—Ni siquiera celebramos el cumpleaños del profeta Mahoma —insistió Rafah—. Los cristianos celebran los cumpleaños. La Navidad es un cumpleaños.

—¿Qué dices? —repliqué desconcertada—. No se trata de la adoración de ningún ídolo. Sólo quiero mostrarles a mis hijas lo feliz que estoy de que hayan nacido. Les estoy diciendo: «Naciste en este día; para mí fue un día feliz». Eso no es cristiano.

No la convencí. Para Rafah y las otras, era una cuestión religiosa. Y su religión era inamovible. En Arabia Saudí, me enteré de que para los Bin Ladin los festejos de cumpleaños eran *haram*.

Puede que fuese un asunto trivial, pero me fastidiaba. Rafah y las otras estaban convencidas de poseer la verdad. Consideraban que Occidente era depravado, una cultura decadente a punto de colapsarse. La cuestión me pareció importante (tal vez en exceso). No quería renunciar a mi cultura para caerle bien a los Bin Ladin. No iba a privar a mis hijas de algo tan básico como un cumpleaños. Yeslam estuvo de acuerdo en dejarme hacer. No era la primera vez que desafiábamos a la tradición.

Decidí celebrar el día de otro modo: enormes figuras recortadas en poliespán que haría con tijeras y alfileres. Serían más bonitas que el cotillón comprado y les demostrarían a mis hijas que no todo debía comprarse. Trabajé durante semanas. Quizás movidas por la curiosidad, varias de mis cuñadas vinieron con sus hijos. Jugaron y gritaron hasta tarde. Era como un festejo de cuento de hadas.

Pero cada año, a medida que los niños crecían, resultaba más difícil persuadir a sus madres para que les dejaran venir. A pesar de mi amistad con Haïfa, me sentía sola. Vivía en una sociedad donde las mujeres no eran nada y donde deseaban no ser nada. No parecían buscar los cambios que yo esperaba y anhelaba, y me sentía frustrada, rodeada por mujeres sin voluntad o sin valor para resistir. Muchas de ellas eran inteligentes y tenían energía, pero sólo lo expresaban en la religión. Vivían, pero sólo para su fe; sus personalidades habían sido completamente aniquiladas.

Ahora era la dueña de mi propia casa, pero había días en que también me sentía como su principal prisionera. Al atardecer, después de la oración nocturna, me quedaba en la terraza y oía los miles de pájaros que revoloteaban en lo alto, llamándose unos a otros, mientras el sol, enorme y anaranjado, se hundía en el desierto, detrás de nuestra casa. Hacían un ruido increíble, volando por el desierto como nubes negras. No había casi nada más que ver en kilómetros. Era hermoso, pero siempre era igual: agreste, carente de imaginación, creatividad y verdadera compañía.

A medida que pasaban los meses, descubrí que esas vigilias silenciosas me producían una agobiante sensación de claustrofobia. Mis hijas estaban dentro, detrás de mí; pero mi vida a veces era tan estéril y vacía como la arena.

CAPÍTULO XI

Los hermanos

Como corresponde a su condición de décimo hijo del jeque Mohamed, durante nuestro primer año en Arabia Saudí Yeslam ocupó una posición más bien inferior en la organización Bin Ladin. No obstante, para mi alegría pronto resultó obvio que todo su talento se estaba desperdiciando. Yeslam era mucho más inteligente y había recibido mejor formación que sus hermanos. Y la Bin Ladin Organization estaba funcionando peor de lo que parecía. La compañía necesitaba urgentemente las habilidades de Yeslam.

En esa época, la Bin Ladin Organization aún era dirigida por un consejo de ocho administradores nombrados por el rey Faisal, tras la muerte del jeque Mohamed, con el fin de velar por los intereses de sus hijos jóvenes. (Cuando éste murió, a los 59 años, sólo dos de sus hijos habían alcanzado los 21 años.) La compañía era una de las más grandes de Arabia Saudí y, como tal, merecía un cuidado especial. Además, el jeque Mohamed había trabajado para el padre del rey Faisal —el legendario Abdel Aziz— y para su hermano —el rey Saud—, construyendo la mayoría de sus palacios y colaborando en otras muchas cosas. Tenía un vínculo con la familia real.

Los ocho administradores eran todos hombres mayores, excelentes y respetables, aunque profundamente conservadores y completamente reacios a correr riesgos. Otras compañías constructoras —algunas de ellas financiadas por príncipes poderosos— habían comenzado a crecer a la sombra de la estancada Bin Ladin Organization. Se decía que esas compañías competidoras tenían mejores contactos que los Bin Ladin y, en Arabia Saudí, los contactos son primordiales. La competencia era agresiva y poderosa. Ganaba contratos a gran velocidad.

Mientras tanto, también había problemas entre los hermanos. Salem era el hijo mayor del jeque Mohamed; el siguiente —hijo de otra madre— se llamaba Alí (yo lo había conocido en Líbano). Cuando el jeque Mohamed envió a Salem al extranjero para que estudiase, decidió mantener a Alí en Arabia Saudí. Al morir el jeque Mohamed, tanto Salem como Alí eran legalmente adultos, y Salem hizo uso de su derecho como primer varón de la familia y jefe de la corporación. Alí era el segundo, pero como se había quedado al lado de su padre consideró que era él quien debía quedar al mando.

Durante años Alí cuestionaba las decisiones de Salem y la rivalidad entre los dos no hacía ningún bien a la compañía. Finalmente, Alí le pidió permiso al rey Faisal para abandonar la Bin Ladin Organization y Arabia Saudí. A pesar de que la petición de Alí de ser nombrado sucesor del jeque Mohamed tenía cierta base, el rey aceptó que abandonara la compañía. Ni siquiera el rey Faisal podía cuestionar la ley del hermano mayor. Es la base del sistema de clanes en Arabia Saudí; la base de la familia real misma.

De modo que Alí recibió el permiso para separarse de la Bin Ladin Organization y de su familia. Los Bin Ladin y los administradores calcularon el valor de la compañía —algo que nunca antes habían hecho, dado que los hijos y sus madres pensaban compartirla— y le dieron a Alí un millón de dólares y se fue a Líbano. Salem y su hermano menor Bakr asumieron el control.

La corporación Bin Ladin todavía conservaba su prestigio y el lucrativo contrato en exclusiva para restaurar La Meca y Medina, pero se estaba hundiendo. Yeslam comenzó a escalar posiciones. Contrató a dos miembros del Citibank y reestructuró la oficina principal de Jeddah. Yeslam creó departamentos, informes y procedimientos de toma de decisiones, donde una vez había habido consensos y demoras interminables. Yeslam fue el primero en traer ordenadores y, poco a poco, quedó a cargo de las finanzas de la compañía; negociaba préstamos e inversiones con grandes conglomerados bancarios extranjeros. Inició operaciones conjuntas con compañías como General Motors y Losinger, una constructora suiza.

Mediante un complejo pacto, la Bin Ladin Organization era propiedad conjunta de los herederos del jeque Mohamed. Las cuatro esposas que, cuando éste murió, estaban todavía formalmente casadas con él compartían un octavo de la herencia. Los siete octavos restantes fueron para sus cincuenta y cuatro hijos: una parte entera para los varones, una mitad para las hijas. (A pesar de que las esposas repudiadas no heredaban directamente, sus hijos, de hecho, las mantenían.) La compañía se dirigía en común —ni una parcela de tierra podía ser comprada o vendida sin un acuerdo completo—, y, en ese momento, ninguno de los hermanos tenía sueldo alguno. Cada hijo recibía beneficios anuales: una parte para los varones, media para las mujeres. No obstante, en realidad Salem, el hermano mayor, y Bakr, su aliado, eran los que llevaban la voz cantante.

Salem y Bakr eran hijos de la misma madre. Oficialmente, no existen los medio hermanos en las familias saudíes, pero hay afinidades, agrupamientos, ya sea porque los hombres son de la misma madre, o porque tienen la misma edad, o porque fueron a las mismas escuelas. Con esos tres factores en común —como era el caso de Salem y Bakr— el vínculo es todavía más próximo.

Todos los aliados naturales de Yeslam eran más jóvenes que él. Y como suele suceder con los más jóvenes, Yeslam se enfadaba por tener que seguir las órdenes de los mayores.

Una noche, cuando todo estaba cerrado, Yeslam me llevó a ver las oficinas, cuidadosamente envuelta, claro, en mi *abaya*. El edificio estaba cerca del Kilómetro Siete y no se parecía a... nada. No tenía parecido alguno con ninguna gran empresa occidental, toda vidrio y poderío. Vi largos corredores, como en una antigua escuela de preparatoria europea, con pequeñas habitaciones desnudas. Alguien estaba barriendo —barriendo, ni siquiera usando una aspiradora—, de modo que tuve que retirarme a la oficina de Yeslam. Era sencilla: un escritorio de madera, ninguna carpeta y apenas tres cuadros con marcos baratos sobre la pared: el rey Abdel Aziz, el rey Faisal y el rey Jaled. No parecía en absoluto la casa madre de una de las más importantes compañías de Oriente Próximo.

Pronto, los otros hermanos se dieron cuenta de que las habilidades de Yeslam eran vitales. Su estrella comenzó a brillar. El lugar de Yeslam ahora estaba en la sede de Jeddah. Se le consultaba. Sabía de finanzas y de Occidente. Pero a algunos de los hermanos mayores no les gustó el crecimiento de Yeslam: su reputación les iba eclipsando.

Para mantener su posición, Yeslam necesitaba a toda costa aliados poderosos. Hasán era uno de los hermanos mayores, muy capaz pero que carecía de cómplices naturales, ya que su madre sólo había tenido un hijo. Hasán se convirtió en aliado de Yeslam, aun cuando éste ocupaba el décimo lugar en la línea sucesoria y Hasán, el quinto.

Las filiaciones cambiaban constantemente, según discusiones tácitas y prioridades privadas. Por ejemplo, si Omar quería comprar un pedazo de tierra, tal vez podía unirse temporalmente al bando de Yeslam. Se trataba de una corporación, y como toda corporación se nutría de políticas internas. Pero también se trataba de una familia; de una familia cuidadosamente educada, en la que no podía jamás reconocerse abiertamente disputa alguna.

La atmósfera de tensión y secreto cambiaba constantemente y comenzó a pesar sobre Yeslam. Éste, cada vez más, me buscaba para que le diera apoyo y seguridad, para sobrellevar la presión que sufría por parte de sus hermanos. Necesitaba una caja de resonancia. Yo me había convertido en su fuerza. Me parecía que me estaba transformando en un consejero estratégico, en una analista con un conocimiento secreto de los sucesos diarios ocurridos entre bastidores en las oficinas de Yeslam. Era un papel que me agradaba: mantenía mi mente en funcionamiento y me ayudaba a sentirme involucrada en la construcción de un futuro para nuestra familia.

De hecho, para entonces, Yeslam era el principal especialista en finanzas de la compañía. Muchos de los hermanos menores comenzaron a venir de noche más a menudo a nuestra casa, y dado que Yeslam no me ordenaba que me fuese, aceptaban mi presencia silenciosa. Tal vez no advirtieran que sabía bastante árabe. Los hermanos más religiosos —Osama y otros— raramente se presentaban porque no llevaba velo. Si venían, tenía que retirarme a mi cuarto.

Aprendí a reservarme mis opiniones. Si hablaba, los hermanos se callaban y Yeslam me fulminaba con la mirada por encima de su vaso de té. Aprendí a quedarme quieta y a absorber conocimientos. Muchos temas no se planteaban claramente, pero podía adivinar el mensaje oculto. Más tarde, hablaba con Yeslam sobre lo que había aprendido.

El círculo de los hermanos más jóvenes, sentados en mi terraza y tomando té, discutía de negocios: las decisiones que planeaban poner en práctica o las contraórdenes que Salem y Bakr les habían dado. Muchos de ellos se sentían frustrados por la falta de contacto con los príncipes de la familia al-Saud, que gobernaba el país con un poder total.

Cultivar la relación con un príncipe benevolente y poderoso podía costar mucho tiempo, tanto haciendo un lobby como con dinero. Incluía rendirles pleitesía prácticamente cada noche, viajar con ellos y algunos de los al-Saud se quedaban con un importante porcentaje de cada contrato grande en razón de su derecho de nacimiento. Pero los príncipes también eran las puertas del éxito, del prestigio y de las influencias.

No quería que Yeslam siguiese siendo el décimo de la lista, un hábil engranaje en una máquina que era mucho más grande que él. Sabía que era brillante, que era un negociador efectivo: merecía más que eso. Pero, para no depender de nadie —para ser algo más que apenas otro Bin Ladin—, Yeslam necesitaría desarrollar sus propios contactos con los al-Saud. Y Salem y Bakr defendían sus contactos con los príncipes. Ésas eran puertas a las que uno no podía limitarse a golpear.

A medida que nuestra vida social se ampliaba —gracias a nues-

Carmen, a los seis años, de vacaciones en Irán, que entonces aún se llamaba Persia.

Carmen con catorce años. *Mi madre insistía con la apariencia y hasta que me rebelé solía vestirnos exactamente igual a las cuatro.*

1973. En el jardín de mi madre en Ginebra.

En el verano en que conocí a Yeslam, los jóvenes gobernaban el mundo. Yo estaba emocionada con mi futuro y muy enamorada.

Ginebra. Mis hermanas Magnolia, Salomé y Béatrice con nuestra tía materna y sus dos hijos.

Ibrahim, hermano de Yeslam, y su padre el jeque Mohamed en Jeddah, en los años cincuenta. *El jeque Mohamed tenía cincuenta y cuatro hijos en total. Era un hombre formidable y todavía conservo una foto suya en mi salón de Ginebra.*

Parte de la familia de Yeslam en un viaje a Pacific Palisades, en California. Ahmad, Shafik, Ragaih, Yahla, Yeslam y Ahmad.
Con sus vaqueros y su pelo a lo afro eran iguales a cualquier americano (por fuera).

1973. Interlaken, Suiza. Tomando el té con Yeslam, su madre Om Yeslam y su hermana Fawzia. *Yeslam me incluía cada vez más en las salidas con su familia.*

Las mujeres saudíes no tenían foto en sus pasaportes. Pero como yo era extranjera necesitaba una para mi visado. Se me tenía que ver la cara pero por supuesto llevaba el pañuelo en la cabeza.

1974. Jeddah.
Como en esa época no existían casi cámaras fotográficas en Arabia Saudí, sólo nos hicieron algunas fotos de aficionado de nuestro matrimonio, por lo que al día siguiente nos hicimos algunas más. Aunque el día anterior Yeslam llevaba puesto el traje tradicional, aquí aparece vestido a la manera occidental.

Yeslam y su hermano Ibrahim el día después de la boda.
Tener tantas flores no era algo normal en Jeddah en esa época.

1974. Yeslam y yo en California.

Era nuestro primer viaje a Estados Unidos. América del Norte era para mí como un sueño hecho realidad, increíblemente abierta, la tierra de las oportunidades.

1976. Santa Mónica, con Yeslam, Fawzia, Om Yeslam, Mary Martha y Wafah.

Yeslam compró una avioneta monomotor. Yo recibí clases de vuelo.

Con Wafah, a la edad de
tres meses.
*El nacimiento de mi
primera niña fue el
acontecimiento más
importante de mi vida; me
cambió completamente
como persona.*

Mary Martha con
Wafah en su primer
cumpleaños.
*Mary Martha ha sido mi
mejor amiga, mi mentora y
una constante fuente de
inspiración y consuelo. Yo
la llamaba mi madre
americana.*

1976, en Santa Mónica, con Wafah y Yeslam.
Yo era tan feliz con mi precioso bebé y mi guapo e inteligente marido… Me parecía que la vida estaba llena de posibilidades.

1976, USC, el día de la graduación de Yeslam.
Yo había animado a Yeslam a estudiar y, aunque yo había tenido que dejar de estudiar, me emocioné cuando él se graduó.

En Jeddah, con Yeslam, mi suegra, Wafah y Najia en nuestro jardín.

Ahora tenía dos bebés y éramos una auténtica familia, pero el sentimiento de soledad que había experimentado después de aquel terrible día en Taef no me había abandonado.

Nadando con Wafah en la piscina de Haïfa.

Haïfa era una gran amiga. Mantuvimos el contacto incluso mucho tiempo después de abandonar Arabia Saudí, pero tras el 11 de septiembre no volví a verla.

Un mes de diciembre, con mi madre y Yeslam en Ginebra.
Pasamos muchas navidades en Ginebra. A Yeslam no parecía molestarle que celebrásemos una festividad tan cristiana, aunque más tarde me resultara difícil celebrar incluso el cumpleaños de mis niñas.

Unas navidades en familia, desenvolviendo regalos con las niñas.

Con Yeslam y Najia en nuestra casa de Jeddah.

Yo llevaba en público el *abaya* que cubría todo mi cuerpo. Esta foto, en la que aparezco parcialmente cubierta, podía ser tomada en nuestra casa, pero tan pronto como cruzaba la puerta tenía que colocarme mi *abaya*.

Jeddah. Najia, con parte de la decoración que preparé para su fiesta de cumpleaños. *Para mí era importante que no todo en su vida saliera de una tienda. Pasé horas confeccionando esos cisnes.*

En nuestro jardín.
*En Jeddah mis hijas sólo
podían jugar dentro de los
límites de la casa, e incluso allí
nuestras vidas estaban cada
vez más restringidas. A medida
que la cultura saudí empezaba
a involucionar, las pocas
libertades que teníamos se
esfumaban.*

1981. La boda de Fawzia y Majid. Halil, Salem, Yeslam, Om Yeslam, Fawzia, Majid y su familia.
Echamos abajo todo lo que impedía la boda de Fawzia. Yo estaba muy orgullosa de Majid y me sentí desolada cuando murió en un accidente de coche tan sólo cinco años después.

Wafah y Najia en la escuela de Jeddah.

Insistí en que las niñas debían ir al colegio, pero estaba preocupada por lo que aprendían allí.

Junto a la piscina en Jeddah.

Por supuesto, las fotos son un asunto privado en Arabia Saudí, pero yo quería tener imágenes de mis hijas, por lo que pedí que el fotógrafo oficial de la organización Bin Ladin viniera a casa.

Wafah con una amiga.
En la foto sobre la mesa aparece el monarca Faisal, el rey de Arabia Saudí que fue asesinado por su sobrino, un fundamentalista islámico.

En nuestro último viaje a Jeddah.
Según iban creciendo las niñas, el comportamiento de Yeslam empezó a cambiar. Nos había permitido pequeñas libertades en una sociedad restrictiva, pero en un país libre se volvió cada vez más cerrado.

Ula con Noor en el sur de Francia.
Mi amiga Ula ha sido muy leal conmigo y con las niñas. Era una de las muchas mujeres que había conocido a las que les habían quitado sus hijos.

En nuestra casa en Ginebra.
Éste fue el verdadero principio de la libertad. Lentamente, nos acostumbramos a vivir sin el miedo constante a transgredir las normas.

Tras el 11 de septiembre, nuestras vidas se volvieron públicas y sentí que tenía que dejar que el mundo supiera mi posición al respecto.

A pesar del año de lucha, mi consuelo es saber que mis hijas son ahora libres para ser lo que quieran ser.

tras fiestas nocturnas de los jueves—, conocíamos a mucha más gente. Muchas de esas personas eran extranjeros que empezaban a descubrir el alcance de su aislamiento respecto a los saudíes y a su propio modo de vida occidental. Issa, el segundo marido de mi amiga Ula, era un hombre mayor de voz suave, que había trabajado como traductor y consejero en la embajada de los Estados Unidos, y que estaba bien ubicado en el entorno del príncipe Majid, un personaje corpulento y pálido, uno de los muchos hermanos del rey. (Sólo en esa rama de la familia real había habido veinte esposas.)

Como todos los príncipes al-Saud importantes, el príncipe Majid recibía gente cada noche en su *majlis*, una habitación vasta y majestuosa de su palacio. Era como una corte de suplicantes después de la oración nocturna. Si no conocía bien a los visitantes, el príncipe Majid se limitaba a saludarlos y éstos se ubicaban en algún sofá distante. Los más cercanos se sentaban al lado del príncipe. Así era la trama del poder.

La gente con contactos —como Salem— podía asistir a esas cortes principescas. Salem tenía varios padrinos cercanos; entre ellos, el príncipe Salman, el gobernador de Riad. Asistía a diferentes *majlis*, prácticamente cada noche. Una vez, Issa llevó a Yeslam para que conociese al príncipe Majid.

Esa noche no ocurrió nada especial: un poco de conversación, algunas tazas de té. Las cosas van despacio en Arabia Saudí; se trata de pasos tan infinitesimales que un extranjero ni siquiera podría notarlos. Pero pronto se estableció un modelo. Yeslam se volvió íntimo del príncipe Majid y, luego, de otros príncipes también. Yeslam se iba convirtiendo en uno de los hombres que se sentaba en las cercanías del poder. Ahora hablaba con otros hombres que también se sentaban cerca del poder. Era un juego sutil de influencias y gestos que tuvieron un impacto enorme en el encumbramiento de Yeslam.

Más adelante, cuando Issa Sebag se retiró, vino a vernos. Había perdido su posición ante los príncipes, pero quería realizar algunas peticiones de carácter administrativo. Por eso pidió a Yeslam que lo aceptara como parte de su séquito. Yeslam estuvo de acuerdo, pero poco a poco evitaba al anciano antes de ir a ver al príncipe. Un día lo abordé y le dije:

—Issa te ayudó cuando lo necesitaste.

Pero Yeslam rechazó lo que le decía:

—Nadie me ayudó —dijo—. Soy un Bin Ladin.

Pero eso ocurrió muchos años después. A medida que Yeslam empezaba a consolidar su poder dentro de la Bin Ladin Organization, las discusiones en mi terraza se iban caldeando. Ahora, de hecho, Yeslam dirigía la compañía. Pero, a pesar de que estaban haciendo nuevos e importantes contratos, el ascenso de Yeslam no fue bien recibido por Salem y Bakr. Una mañana Bakr llamó a un banco importante para discutir un préstamo —algunos cientos de millones de riyales— para un nuevo proyecto de construcción. El banquero le preguntó tontamente:

—¿Sabe esto el jeque Yeslam?

Bakr se enfadó. Había perdido poder.

Salem y Bakr comenzaron a dar contraórdenes a propósito de las decisiones de Yeslam. Querían quedarse con el mérito de sus proyectos, al tiempo que criticaban y debilitaban la posición de sus empleados clave. Rechazaban en el último minuto acuerdos que Yeslam había negociado, avergonzándolo. Para entonces, Hasán, buen hombre de negocios pero un jugador empedernido, perdió una fortuna en un casino de Londres y telefoneó pidiendo ayuda. Salem y Bakr pagaron las deudas, pero, cuando regresó a Arabia Saudí, Yeslam descubrió que se había distanciado de él. Hasán se había cambiado de bando.

Yeslam cerró un nuevo e importante contrato para la construcción del Bin Ladin Plaza en el centro de Jeddah. Era un rascacielos espectacular; en aquellos días, sin duda el edificio más alto de la ciudad, cuya construcción costaría cientos de millones de dólares. Durante esos meses hicimos muchos viajes a París: Yeslam era el que negociaba el contrato y el que firmaba los acuerdos. Pasamos semanas en el lujoso hotel Georges V; recuerdo estar sentada en la cama, con las piernas cruzadas, leyendo los contratos hasta muy tarde.

Para la Bin Ladin Organization era un golpe financiero fantástico; el primero de una serie. El proyecto entero estaba financiado con préstamos de bancos franceses y garantizado por el gobierno de Francia. Todo lo que la Bin Ladin Organization hizo fue poner la tierra. Cuando todo el edificio fue alquilado a Saudia, la aerolínea nacional, los franceses recuperaron rápidamente su inversión. Y la Bin Ladin Organization hizo una fortuna como propietaria de un edificio prácticamente gratuito.

Por supuesto que eso nunca habría podido ocurrir en ningún otro país, porque los franceses se habrían limitado a comprar el terreno. Pero en Arabia Saudí los extranjeros no pueden tener propiedades. Ni siquiera pueden hacer negocios sin un socio saudí. Nuevamente: la tierra sagrada no puede ser mancillada por infieles.

Me sentía muy orgullosa de lo que Yeslam había logrado. Pero cuando se hizo público en los periódicos saudíes, todo el mérito de Yeslam recayó sobre el petulante Bakr.

Esto enfadaba mucho a Yeslam, pero siempre retrocedía. Nunca se enfrentaba a Bakr y a Salem por lo que hacían, aunque, en privado, su disgusto se volvía aún más vehemente. Se quejaba del doble juego de sus hermanos, pero nunca emprendió acción alguna para defenderse.

La confrontación no es una costumbre saudí. En la superficie, todo está en calma, sobre todo dentro del clan. Hay codicia. Hay peleas por el poder y el honor (incluso entre los miembros de la familia real). La realidad oculta es hermano contra hermano, porque la naturaleza humana, aun en Arabia Saudí, impulsa a los individuos a afirmar su personalidad y su ambición.

Pero en un sentido más profundo, el compartido condicionamiento social y las convicciones wahabi expresaban que los miembros de un clan saudí siempre se apoyarían unos a otros. Ningún destino individual es más importante que los valores religiosos compartidos. Para un saudí no puede haber nada fuera de las tradiciones de sus ancestros.

CAPÍTULO XII

1979

El día de Año Nuevo de 1979 pensaba que el cambio había llegado a Arabia Saudí. En mis tres años allí había visto cómo de las arenosas y sucias calles de la Jeddah medieval se había levantado una ciudad reluciente y nueva. Había nuevos servicios: el camión de los Bin Ladin ya no traía agua cada dos o tres días. Mis hijas estaban contentas. Contaba con Haïfa como consuelo y diversión. Yeslam me adoraba y sus posibilidades y poder estaban aumentando. Lo tenía todo para mirar hacia el futuro.

¿Cómo habría podido imaginar cuánto retrocedería Oriente Próximo con tanta rapidez? En los meses siguientes, la rebelión contra el Sha de Irán se convertiría en una onda expansiva por toda la región y daría un nuevo impulso a los tradicionalistas que luchaban contra todo intento de llevar Oriente Próximo al mundo moderno. El islam asumiría una nueva dimensión y cambiaría el punto de vista del mundo entero. Nada volvería a ser igual.

Ni siquiera los recatados periódicos saudíes nos protegían de la noticia de que Irán estaba en llamas. Había estallado la revolución: ya en diciembre, el Sha Reza Pahlavi había sido forzado a abandonar el país. Una extraña y torpe coalición de liberales influidos por Occidente y fundamentalistas fanáticos estaba exigiendo que el pueblo gobernara. En febrero, el ayatolá Jomeini abandonó su exilio en Francia y llegó a Teherán, donde fue recibido por multitud de simpatizantes. Más tarde, los hombres de Jomeini atacaron a los liberales occidentalizados que los habían apoyado. Forzaron a las mujeres a usar velo. El gobierno se centró en la «reforma» islámica. Todo Oriente Próximo sintió el repentino y siniestro viento de cambio.

En nuestras reuniones nocturnas de los jueves, los diplomáticos y demás extranjeros no hablaban de otra cosa. Todos estaban ansiosos de noticias. Yo me encontraba entre los afortunados: mis hermanas en Europa me enviaban semanalmente periódicos y revistas por DHL. Lo que estaba sucediendo en Irán me abrumaba. En la patria de mi madre se estaba reinstaurando la Edad Media. Arrojaban ácido en los rostros a las mujeres que llevaban maquillaje. Se había arrestado y asesinado a cientos de personas. Jomeini criticaba a la monarquía saudí. Decía que no podía haber rey alguno en el islam.

Podía ver que el espectro de una revolución ponía nerviosos a Yeslam y a sus hermanos. También yo observaba con angustia. Si la monarquía podía ser derrocada en Irán —si las mujeres iraníes libres podían ser tan rápidamente forzadas a volver al *chador*, y sufrían ataques violentos en las calles por parte de la policía religiosa—, entonces, ¿qué ocurriría en Arabia Saudí?

Me preocupaba, también, la gente que conocía en Irán. Mi madre estaba a salvo en Europa, aunque cada vez más débil. La mayor parte de su familia había emigrado; muchos se habían establecido en Estados Unidos. Sin embargo, mi madre tenía incontables amigos y conocidos en Irán, y las noticias sobre sus condiciones de vida resultaban difíciles de obtener y duras de imaginar.

En el fondo creía que, de haber una revolución en Arabia Saudí, podría escapar. Como extranjera —y como miembro de la familia Bin Ladin— sabía que estaría entre los primeros en salir. Ése era el verdadero lujo que mi posición me permitía, no los vestidos de Chanel ni los pendientes de esmeraldas. Teníamos el poder para irnos si fuera necesario: el poder y el status para escapar a la inspección de la policía religiosa, salir de la cárcel o salir del país.

La Bin Ladin Organization poseía una flota de aviones. Y si un Bin Ladin deseaba un lugar en un vuelo, lo tenía. Dado que la Bin Ladin Organization era la única compañía autorizada a trabajar en La Meca, el status familiar era mucho más alto que el de otros clanes poderosos. Aun cuando un avión estuviera completo, los Bin Ladin siempre obtendrían un pasaje. De hecho ya había visto esto. Así que en caso de disturbios, seguramente podríamos escaparnos.

De modo que, aunque estaba tensa —era imposible no estarlo—, no me sentía directamente amenazada. Pero los príncipes al-Saud que gobernaban el país debían de estar mucho más asustados que yo. Podían perderlo todo. La revolución de Jomeini era un ataque declarado contra su forma de gobierno. En la calle se podía percibir la creciente influencia de las ideas religiosas de línea dura. Los diminutos cambios que tanta esperanza me habían dado en una futura libertad se desmoronaban, a medida que la familia real se asustaba y buscaba aplacar a los fundamentalistas.

Las ideas extremas sobre el comportamiento religioso se impusieron con una rapidez que me dejó anonadada. El zoco fue empapelado con avisos que alertaban sobre los peligros de vestirse incorrectamente. A la vez que en las mezquitas los sermones exigían más restricciones en las costumbres sociales, las mujeres volvían a ponerse nuevamente el velo. A pesar del calor extenuante, añadieron medias negras y gruesas debajo de sus *abayas*, para proteger los pocos centímetros de pie y tobillos que pudieran verse al caminar. Muchas como Najwah —la esposa de Osama— y mis cuñadas Rafah y Sheikha, también se pusieron guantes. La *mutawa* empezó a blandir palos largos y gruesos, como en Irán, para vigilar nuestro pudor, apaleando de vez en cuando a mujeres en la calle.

De golpe advertí que la sociedad iba retrocediendo. Una tarde estaba en un supermercado y una mujer embarazada se desmayó; su marido corrió a ayudarla. La *mutawa* estaba allí y lo detuvo, gritándole que no debía coger a su mujer en público.

Si cuando estábamos de compras se oía la llamada a la oración, ya no podíamos quedarnos, como antes, mientras los hombres acudían a orar: los comerciantes tenían miedo y bajaban las cortinas a toda prisa.

Si nuestras manos se veían o si mi *abaya* estaba demasiado alta, la *mutawa* nos gritaba en la calle:

—Tú, mujer, ¿qué estás haciendo?

Abdou, mi chófer sudanés, siempre me protegía: «Bin Ladin». Incluso entonces, si se trataba de una Bin Ladin, la integridad religiosa no podía cuestionarse. No obstante, empecé a sentir miedo.

La *mutawa* irrumpía en las casas y destruía los equipos de música. Si encontraba alcohol, se llevaba a los hombres a la cárcel y allí los apaleaba. Prohibieron la venta de muñecas infantiles (que se volvieron objeto de contrabando, como el whisky), porque reflejaban la imagen humana. Ahora las únicas muñecas a la venta eran figuras informes, sin rostro, como la que tenía Aïsha, la esposa niña del profeta, en el siglo VII. ¡Pero estábamos en 1979!

Esos temas no se discutían con las mujeres de los Bin Ladin. En primer lugar, nunca habrían violado las reglas. Para ellas, la *mutawa* hacía su trabajo y ese trabajo era honorable y justo. Estaban seguras de que las restricciones religiosas no resultaban excesivas. Pero todos los extranjeros notaron cuánto más severa y aterradora se había vuelto la *mutawa*.

En una ocasión entablé una conversación sobre el tema con mi cuñada Rafah. Estábamos hablando del velo y le dije que me parecía innecesario e insultante para los saudíes. ¿Acaso los hombres eran tan malvados y estaban tan obsesionados con el sexo que se verían tentados con apenas una mirada al rostro de una mujer? Rafah se me quedó mirando como si le hubiera hablado en griego antiguo. Podía leer en sus ojos «pobre extranjera ignorante». Así que fue imposible comunicarme con ella.

La gente joven era la que más me asustaba. Se suponía que impulsarían el país hacia delante y lo sacarían de la Edad Media para llevarlo al mundo moderno. Y, sin embargo, los observaba, semana tras semana, mientras se precipitaban hacia un pasado remoto. Vi sus guantes, sus medias negras y sus rostros airados; pedían que hubiese más restricciones. ¿Podía ser cierto que los jóvenes desearan un mundo que diera marcha atrás? ¿Quién podría creer tal cosa? Y, sin embargo, era lo que estaba ocurriendo en Irán.

Me sentía enjaulada. Todos los cambios que había festejado sólo fueron temporales. Las pequeñas victorias habían durado muy poco.

Los saudíes se habían abierto al mundo un par de años. Ahora volvían a sus valores y tradiciones.

Ese verano fuimos a Estados Unidos. En parte era un viaje de negocios de Yeslam, pero, sobre todo, yo quería refugiarme en el abrazo protector de Mary Martha. Estaba encantada de verme, después de meses de terribles cambios; para mí, estar nuevamente en los Estados Unidos fue un alivio. Pero el día anterior a nuestra partida a St. Louis —donde Yeslam tenía reuniones—, Mary Martha me telefoneó llorando. Su hermano Jimmy, volando en su propio avión, se había perdido entre Arizona y California. Nos contó que había comenzado su búsqueda y que se iba a Arizona para estar con sus padres.

No podía abandonar a Mary Martha en un momento así. Insistí en que debíamos estar juntas. Yeslam se puso en movimiento. Cuando Mary Martha y yo llegamos a Arizona, él había alquilado dos avionetas y estaba pilotando una de ellas en busca de Jimmy. Desde el amanecer hasta el crepúsculo, toda una flota de aviones permaneció en el aire hasta que aparecieron los restos del avión de Jimmy cinco días más tarde. El rostro de Yeslam estaba tenso y demacrado. No quiso hablar. Recordé que su padre había muerto en un accidente de aviación, cuando Yeslam tenía apenas diecisiete años.

Mi corazón estaba con Mary Martha y con la familia Berkley. Pero debíamos marcharnos y retomar los negocios de Yeslam. Regresamos a Arabia Saudí, apesadumbrados, sin hablar. Había sido un verano espantoso.

Toda Arabia Saudí parecía hipnotizada por el volcán político de Irán y sus secuelas por Oriente Próximo. No se hablaba de otra cosa. Uno de nuestros invitados ocasionales, John Limbert, un diplomático estadounidense, una noche de jueves, en octubre, mientras jugaba al tenis con nosotros, nos contó que al día siguiente se marcharía a Irán. Días más tarde se convirtió en uno de los rehenes de la embajada de Estados Unidos en Teherán. Él y muchos más desfilaron ante las cámaras de televisión para demostrar el poderío de la venganza islámica contra los estadounidenses impíos. John perteneció al grupo de cincuenta y dos rehenes que estuvieron cautivos durante 444 días. Lois West intentó consolar a su mujer, Parvanai, durante esa terrible experiencia. Todos estábamos conmocionados.

Más tarde, una mañana de noviembre, Yeslam llegó a casa corriendo, lívido y agitado, y me dijo: «Han tomado La Meca». Cientos de extremistas islámicos marcharon sobre la Gran Mezquita y asumieron el control del lugar más sagrado del islam. A través del almuecín, su líder hacía declaraciones incendiarias contra la corrupción y la vida disoluta de los al-Saud; sobre todo contra el príncipe Nayef, el gobernador de La Meca, cuyas juergas con whisky eran de dominio público. Las fuerzas extremistas se habían llegado a La Meca, sirviéndose de los camiones de la corporación Bin Ladin, que nunca eran registrados.

Debimos haber sido los primeros en saberlo. Los Bin Ladin mantenían personal permanente en una oficina de mantenimiento en La Meca. Cuando los rebeldes marcharon sobre la Gran Mezquita, un trabajador de los Bin Ladin llamó de inmediato a la oficina central de Jeddah e informó sobre el estallido de violencia. Luego los insurgentes cortaron las líneas telefónicas. Increíblemente, fue la Bin Ladin Organization la que contó al rey Jaled que había estallado la rebelión en la ciudad santa del islam.

Una de las primeras decisiones del rey fue cortar todas las líneas telefónicas. Quería llamar a mi madre para tranquilizarla, pero no había manera. Durante varios días, los periódicos no se atrevieron a informar sobre el ataque. Pero el rumor, de todos modos, corrió. Hubo tumultos. Se suspendió el tráfico aéreo.

La casa se llenaba y luego se vaciaba en un frenesí de movimiento, a medida que los hermanos acudían o partían con las últimas noticias. Yeslam estaba muy preocupado e iba de la casa a la oficina como un hombre desquiciado. Los Bin Ladin poseían los únicos mapas detallados de La Meca; en particular, de la Gran Mezquita. Salem permanecía con los príncipes todo el tiempo. Al cabo de días de intentos de negociación con los extremistas, se hicieron distintos planes para asaltar militarmente la Mezquita. Todos fracasaron.

Entonces Yeslam me contó que su hermano Mahrouz había sido arrestado en el camino de La Meca a Jeddah. La policía había encontrado una pistola en su coche. Mahrouz era en ese momento un hombre muy religioso, aunque durante unos años había sido un playboy. Llevaba una túnica corta —como Mafouz, el hermano de leche de Yeslam— para mostrar los tobillos y demostrar su estricta simplicidad. De no haber sido por eso, lo habría considerado como a otro de los hermanos de Yeslam. ¿Realmente Mahrouz había estado involucrado en el complot contra los al-Saud?

Finalmente, se llamó a los famosos paracaidistas militares franceses. Ellos tomaron el sótano de la Mezquita y mataron a muchos extremistas. (Antes de acercarse al edificio, habían tenido que pasar por la conversión al islam más rápida del mundo.) En un país sin periodismo, los rumores corrían rápidamente: que los franceses habían electrocutado a los rebeldes; que no habían sido los franceses; que los rebeldes no habían sido capturados. Más tarde docenas de hombres fueron ejecutados públicamente en todo el país.

A Mahrouz lo liberaron de la cárcel. Se rumoreaba que era un miembro clave del grupo extremista y que había ayudado a los insurrectos a apoderarse de los camiones de los Bin Ladin. Pero los Bin Ladin nunca volvieron a hablar sobre el arresto. La familia Bin Ladin vivía tranquilamente y tenía el poder de salvar a los suyos.

Sin embargo, ya no me volví a sentir segura en mi pecera perfectamente calma. Nadie dormiría bien en Arabia Saudí durante aquellas semanas largas y tensas.

A principios de diciembre oímos que había estallado la violencia en Qatif, al este de Arabia Saudí. Había habido disturbios y muchos muertos. Ésa era una región habitada por una pequeña minoría muy vilipendiada de musulmanes que, como la mayoría de los iraníes, eran chiitas y no wahabi. Quizás, influenciados por la revolución de Jomeini en Irán, ese año los chiitas se habían lanzado a las calles en número inusual para su procesión anual en conmemoración de la muerte de Husein, el nieto del profeta Mahoma. Oímos que la policía religiosa había impedido la procesión. No se supo el número de muertos, pero la rebelión duró varios días. El pánico de Yeslam se hizo más histérico y, a pesar de que intentaba calmarlo, yo también sentía miedo. ¿Qué pasaría con todos nosotros?

Apenas tres semanas después de la revuelta de la Meca, la Unión Soviética invadió Afganistán. Los acontecimientos mundiales parecían estar cada vez más cerca. Desquiciados por una revolución vecina y por una revuelta interna espectacular, y enredados en un creciente radicalismo, ahora los saudíes veían cómo los tanques soviéticos entraban ruidosamente en otra nación muy próxima.

El agresivo y ateo bloque comunista había atacado a un país musulmán pobre pero digno. Los príncipes al-Saud estaban pasmados, como todos en el mundo musulmán. Tras semanas de inactividad, los príncipes decidieron demostrar su preocupación por la suerte de los amigos musulmanes. Financiarían la resistencia afgana.

Yeslam me contó que en las mezquitas se pondrían anuncios para alentar a que la gente común diera dinero, equipos y ropas usadas a los afganos que estaban peleando contra los soldados soviéticos, y a los refugiados que habían empezado a huir. El gobierno anunció un importante apoyo financiero a los voluntarios que fueran a Afganistán a ayudar a los valientes muyaidines, sus hermanos musulmanes.

Entre los voluntarios estaba mi cuñado Osama.

Cuando asumió la causa de los afganos, Osama acababa de graduarse. Se marchó muy rápidamente; no hubo fiesta de despedida. Por su gran estatura y sus opiniones inflexibles, Osama era un personaje pintoresco, pero no parecía el más indicado para liderar la resistencia afgana. No obstante, comenzó a realizar frecuentes y largos viajes a Pakistán, para canalizar la ayuda saudí a los voluntarios. Ayudó a levantar clínicas y bases de entrenamiento en Pakistán. Pronto Osama viviría allí prácticamente todo el año, involucrándose cada vez más en la lucha afgana.

Más tarde Osama se instaló definitivamente en Afganistán. Según sus hermanas, que hablaban de él con un respeto reverencial, Osama se estaba convirtiendo en una figura clave de la lucha contra el bloque soviético. Importó maquinaria pesada con el objeto de excavar túneles por todo Afganistán donde albergar hospitales de campaña para combatientes y donde almacenar reservas de armamento.

Hizo refugios subterráneos para proteger a los guerreros afganos, mientras atacaban las bases soviéticas. Oímos que Osama había tomado las armas en combates cuerpo a cuerpo.

Osama se estaba haciendo un nombre. Ya no era el décimo sexto o décimo séptimo hermano de los Bin Ladin. Era admirado. Se había involucrado en una causa noble. Osama era un guerrero, un héroe saudí.

Como casi todos en Arabia Saudí, Yeslam y yo contribuimos a la causa afgana contra los tanques soviéticos. Empaquetamos toda la ropa que no necesitábamos y mandamos dinero.

Osama no era el único miembro de la familia cuyo apego al islam se estaba volviendo más evidente. Algunas de mis cuñadas, que siempre había considerado aburridas y sumisas, ahora que se trataba de defender valores islámicos, me sorprendían con su activismo. Sheikha, una de las hermanas mayores de Yeslam, fue a Afganistán a distribuir un enorme envío de ayuda. Fue, claro, con una comitiva, aunque no vio combates. Debo reconocer que Sheikha no se limitaba a murmurar el Corán y a definir el comportamiento correcto; era lo suficientemente valiente como para entrar en acción.

En la guerra de Afganistán, como en todas las guerras, las mujeres se llevaban la peor parte. Para una madre, Afganistán era como una pesadilla hecha realidad: todas esas jóvenes y esos niños huyendo a campamentos, sentados bajo la lluvia, tratados como animales. Era terrible. Y lo peor estaba aún por llegar, cuando, años más tarde, los fundamentalistas talibanes tomaran el poder.

1979 constituyó un punto de inflexión en todo el mundo islámico. Para mí fue como si una luz cegadora se hubiera encendido sobre mi propia vida. Con más brusquedad que nunca, me di cuenta de que estaba viviendo en una frágil burbuja, rodeada por una cultura extranjera sujeta a explosiones repentinas y a una violencia explosiva.

Todavía era muy joven —rondaba los veinticinco— y Yeslam y yo llevábamos casados cinco años. Sin embargo, tenía muchas responsabilidades y preocupaciones. Debía proteger a mis hijas. La salud de mi madre se había deteriorado: las noticias de Irán parecían haberla desestabilizado. Rechazó mis invitaciones para visitar Jeddah y yo me sentía incapaz de dejar Arabia Saudí.

Yeslam seguía nervioso y asustado. Tenía pesadillas y se despertaba de noche para jugar al backgammon como forma de calmar sus nervios. Intentaba tranquilizarlo. Mientras el mundo que había más allá de nuestras paredes parecía desmoronarse, veía cómo mi marido se convertía en un extraño quejica e infantil.

CAPÍTULO XIII

Yeslam

Yeslam estaba bastatante mal. No se trataba solamente de un mal humor pasajero. Estaba todo el tiempo nervioso. Tenía pesadillas. Todo le daba miedo; especialmente, la muerte. Sufría varias dolencias físicas que requerían interminables análisis y médicos, pero que jamás parecían referirse a nada preciso: dolores de estómago, dificultades respiratorias, sudores ocasionados por el pánico.

Pensé que, desde la revuelta de La Meca, Yeslam no era feliz. Al principio creí que la causa era la situación política de Arabia Saudí. Primero fue el impacto de 1979, y luego, los impredecibles coletazos, cuando Arabia Saudí empezó a alejarse bruscamente del camino que, según había pensado, el país elegiría.

El dinero había cambiado enormemente a Arabia Saudí. Pero esos cambios repentinos sólo afectaban a la superficie. El dinero compraba muchas cosas, pero sólo se trataba de eso, cosas; no trajo cambios en la mentalidad de la gente. Los edificios nuevos, las casas más grandes, los enormes y modernos centros comerciales y las vacaciones en Europa: no parecía que todo eso llevara a la libertad.

El dinero empujaba a Arabia Saudí hacia el mundo moderno, pero la cultura adusta, puritana y segura de sí estaba arrastrando al país hacia sus restricciones extremas y tradicionales.

Los musulmanes wahabi creen que la verdad reside en la lectura literal del Corán. Nadie se atrevería jamás a adaptarlo al mundo de hoy. Su código es estricto. Lo regula todo. Los wahabis viven sus vidas mirando al pasado, como a un espejo retrovisor que refleja la época de Mahoma. Al cabo de unos años de riqueza, los saudíes no parecían querer cambiar.

Tal vez en el interior de Yeslam se estaba dando una lucha similiar. Se encontraba bajo una tensión creciente. Cuando Bakr y Salem comenzaron a manipular la Bin Ladin Organization en contra de Yeslam, lo animé a que se defendiera. Una mujer más sumisa —una mujer saudí— le habría dicho: «*Ma'alesh*, así es la vida», y lo habría alentado a que permaneciese en la posición de décimo hijo que Dios le ha asignado. Yeslam habría asumido las órdenes de sus hermanos mayores menos competentes, y se habría refugiado en la religión y en la tradición. Pero yo no era ese tipo de mujer; no permitiría que eso sucediera. No quería verlo rendirse y someterse.

Soy una luchadora y lo animé a que pelease. Lo exhorté para que se enfrentase a sus hermanos y para que cambiara la situación. Le dije que él era el más brillante y el mejor de todos. Me asustaba imaginarme a Yeslam sometido a esa sociedad, en el modesto lugar del décimo hijo, en una familia en la que nada cambiaba nunca. Necesitaba que él ayudase a cambiar Arabia Saudí, por mi bien y por el de las niñas. Yo sola no podría cambiar nada, porque en Arabia Saudí, como mujer y extranjera, no había manera de lograr nada.

Sólo Yeslam con su inteligencia y su fuerza podría realizar esos cambios que nos traerían mayor libertad. Quizás una esposa saudí le habría transmitido más tranquilidad. Pero yo no podía aceptar su debilidad, y para ser sincera, también estaba aterrorizada.

Le insté a que trabajara por su propia cuenta. En 1980 dejó de ir a la oficina. Instaló una agencia de corredores de bolsa en Jeddah y una gran compañía financiera en Suiza, contratando a un personal altamente capacitado para que realizara las inversiones de los nuevos ricos mercaderes saudíes. Fue un éxito; eso quedó claro de inmediato. A las compañías de Yeslam les iría muy bien. Y eso me hacía petulante. Le dije a Yeslam:

—Ya verás. Salem y Bakr te rogarán que vuelvas.

Lo hicieron. Le ofrecieron a Yeslam un sueldo para que volviera al grupo Bin Ladin. Fue la primera vez que se le pagaría a un miembro de la familia por encima de los dividendos anuales.

En esa época, Yeslam empezaba a valer mucho dinero. Cuando lo conocí, la parte de Yeslam de la Bin Ladin Organization probablemente no superara los quince millones de dólares. La mayor parte de esa suma estaba puesta en el negocio y nunca me pareció real.

Sin embargo, ahora, con la Bin Ladin Organization en pleno florecimiento y sus propios negocios que despegaban, la fortuna personal de Yeslam trepó hasta cerca de los trescientos millones de dólares. Era uno de los hermanos más ricos; tan rico como Salem y Bakr. En términos prácticos no había mucha diferencia en nuestras vidas. Continuábamos viajando en vuelos regulares. Nunca compré muchos trajes de *haute couture*. Pero sabía que estábamos volviéndonos extremadamente ricos; sentía que era algo de lo que Yeslam podía enorgullecerse.

Pero Yeslam, a pesar de su obvio y vertiginoso éxito en los negocios —tanto de manera independiente como con el ahora floreciente grupo Bin Ladin—, no era feliz. Trabajaba mucho: pasaba largas mañanas en la sede de la empresa y, luego, se marchaba a su propia oficina después de la oración nocturna, a veces hasta las 9 o las 10 de la noche. Entre los hermanos, continuaban la rivalidad y las riñas mezquinas, y también los golpes bajos que consumían a Yeslam y que le minaban el ego.

En apariencia la relación con su familia seguía siendo cordial. Pero yo sabía que las cosas con sus hermanos se ponían tensas. Una vez Yeslam me dijo:

—Antes Salah estaba aquí todo el tiempo. Ahora, cuando Bakr se lava las manos, Salah está allí, sosteniéndole la toalla.

Los conspiradores murmuraban contra él.

Al ponerse a trabajar por cuenta propia y elevarse por encima de la jerarquía, Yeslam había cometido una infracción casi imperdonable en un código social no escrito.

No era solamente yo la que había impulsado a Yeslam a romper con las convenciones sociales. Él también era ambicioso. Aceptó mis ideas porque las compartía en el fondo. Yeslam había vivido en Occidente. Había conocido una cultura que permitía que uno hiciera algo por sus propios medios. Pero para poder llevarlo a cabo, uno tiene que pensar y comportarse como un occidental. Y Yeslam era saudí.

Si de niño lo hubiesen animado, los talentos de Yeslam habrían crecido más.

Pero su madre era una fatalista. «Es la voluntad de Dios» era una de sus frases favoritas.

Intenté darle ánimos, pero las contradicciones de su cultura lo quemaban por dentro. Un saudí —un Bin Ladin— no podía enfrentarse a sus hermanos ni separarse de ellos, ni en los negocios ni en ningún otro aspecto. De modo que, a pesar de que parte de Yeslam anhelaba lograr sus ambiciones propias e individuales —como lo querría cualquier occidental—, otra parte de él se mantenía sumisa y ocupaba el espacio que le había sido asignado por una cultura atada a la tradición.

Yeslam se dividía entre dos impulsos irreconciliables: las ambiciones modernas y occidentales, alentadas por su vida en el extranjero; y la inmovilidad ligada a la tradición del modo de vida saudí. Ahora lo veo. Pero entonces, sólo veía sus dolencias, y una nueva debilidad y distancia en mi marido.

Yeslam consultaba todo tipo de especialistas médicos en el exterior (los médicos saudíes lo ponían nervioso). Pensé que un psiquiatra podría ayudarle a ordenar sus problemas que, creía, eran más psíquicos que físicos; pero, cuando se lo propuse, se negó.

Trataba de calmar sus miedos, de mitigar su angustia. Jugamos muchas veces al backgammon cuando Yeslam no podía dormir. Luego me las arreglé para localizar a un doctor occidental en Jeddah, con quien él se sentía cómodo. Matthias Kalina dirigía el hospital militar. Él y su esposa Sabine llegaron a ser grandes amigos nuestros; de hecho, incluso años después, cuando ambos se mudaron a Canadá, Yeslam hacía que el Dr. Kalina volara a Suiza para hablar de su salud. El Dr. Kalina, para calmar la tensión nerviosa de Yeslam, le prescribió Temesta. Pero Yeslam solía cortar cada píldora en fragmentos diminutos y tragar apenas uno, lo cual, por supuesto, no le hizo ningún efecto.

Comenzó a tener miedo a volar, así que lo acompañaba a todas partes. Programaba sus viajes durante las vacaciones escolares de las niñas, para estar juntos. (Nunca las dejé solas en Arabia Saudí, ni siquiera un fin de semana.) Tampoco soportaba las muchedumbres. Un verano fuimos a Los Ángeles y nos quedamos en casa de Ibrahim: salvo por las usuales visitas a los médicos, durante seis semanas salimos tres veces.

Yeslam estaba convirtiéndose en un extraño. Me preocupaba tanto por él y confiaba tanto en él, que intentaba no ver la realidad. Necesitaba que siguiera siendo el hombre inteligente y emancipado con el que me había casado. Añoraba al padre cálido y atento, y al marido cariñoso al que una vez conocí. No podía manejar la realidad de ese extraño irascible y temeroso. Tenía que convencerme de que se trataba de mal humor, algo temporal.

No creo que nadie más, aparte de mí, lo notara. Mi marido era un experto en mantener una apariencia exterior serena. Pero, en realidad, Yeslam estaba sufriendo una especie de colapso nervioso.

Eso me lleva a un punto muy personal. En el verano de 1981, me quedé nuevamente embarazada. Estábamos de vacaciones en Ginebra y, al principio, me sentí muy feliz. Puede que, dados mis antecedentes, fuera irracional, pero estaba convencida: ¡finalmente, tendríamos un varón!

Sin embargo, cuando corrí hacia Yeslam con la esperanza de que se sintiese tan feliz como yo, noté en su rostro una mirada extraña que nunca antes había visto. Me dijo que siempre había querido dos hijos. Me dijo que seguía enfermo y que no podría hacer frente a otro hijo. Me pidió que abortase.

Me sentí mareada. Mi alegría se convirtió en confusión. Quería ayudar a Yeslam. Uno no puede forzar a un hombre a convertirse en padre, si él mismo no quiere hacerlo. La reacción de Yeslam fue tan rotunda —parecía tan categórico— que sin duda odiaría a la criatura si yo continuaba con el embarazo. Sobre todo si era otra niña.

Por más que deseaba ese hijo, estuve de acuerdo en abortar.

Regresamos a Arabia Saudí. Pensaba que olvidaría la cuestión. Pero había caído en una trampa moral que yo misma había preparado, de la cual nunca sería capaz de salir. Aunque controlara mi cerebro consciente, no podía eliminar mis sueños. Comencé a tener pesadillas. Siempre me arrancaban a Wafah y a Najia. Había destruido a un niño y ahora ya no merecía ser madre.

La vida era oscura. Sentía que había hecho algo horrible.

Estaba furiosa conmigo misma: no había tenido el valor de hacerle frente a mi marido. Lo había hecho todo por Yeslam, pero ahora sentía que él me había pedido algo insoportable, algo que nunca debería haberme pedido. Se había comportado de una manera increíblemente egoísta. Y luego, cuando vio mi dolor por la espantosa decisión que me había hecho tomar, actuó como si nada importante hubiese ocurrido. Como si me hubieran sacado una muela.

Pero era mucho más horrendo. Había abandonado a mi hijo no nacido, y mi marido nos había abandonado a todos.

Después atravesamos una mala racha. Me sentía hundida. Ahora veo que sufrí depresión. Por las niñas intenté llevar una vida normal, pero no sentía alegría alguna. Estaba sola, pero de una manera nueva y dolorosa. Siempre había pensado que podía contar con Yeslam. Pero ahora, aunque yo siempre había estado allí para ayudarle, Yeslam no quiso, o no pudo, darme el mismo apoyo.

Quizás ése fue el principio del fin.

CAPÍTULO XIV

Niñas

Aun en mis días más sombríos, intenté criar lo mejor que pude a mis hijas para que fuesen libres, para que crecieran siendo ellas mismas. Detrás de los altos muros que rodeaban nuestra casa, pensaba que podría construir un espacio pequeño donde llevar vidas normales, donde reconciliar las diferencias entre mis valores y los del mundo exterior. A las niñas les compré bicicletas y patines y les enseñé a nadar en la piscina de Haïfa. A ambas les encantaba la música; estaban ensayando constantemente y montando pequeños espectáculos para Yeslam y para mí. A lo largo de su infancia, mis hijas siempre estaban haciendo teatro, disfrazándose e imitando a mi ídolo, Elvis.

Pero la danza era algo impensable en Arabia Saudí. Al igual que las clases de música, a pesar de que la música clásica les fascinaba. Una tarde, cuando apenas tenía tres años, Wafah oyó hechizada todo un concierto para piano de Tchaikovski que me había pedido. («Pon la "Gran Música", mami, *la grande musique*».)

Una amiga estaba de visita esa tarde; se quedó sorprendida al ver a Wafah, inmóvil y concentrada, casi abrazada al altavoz. Creo que tenía potencial, algo especial. Pero el desarrollo sencillo y normal

153

de los talentos artísticos de mis hijas quedaba fuera de mi alcance en Arabia Saudí. No había clases en ninguna parte.

Intenté darles el tipo de infancia que yo había anhelado. Invitaba a familias extranjeras, con niños de su edad, a que nos visitaran. A veces, incluso, se quedaban a dormir. Quería que Wafah y la pequeña Najia vieran a los niños como personas, como lo que eran (algo que nunca podrían ser sus primitos). Para las pequeñas primas Bin Ladin, incluso con hermanos, los varones eran un país extranjero, hostil y poderoso. Odiaba ver eso.

También era exigente con mis hijas. Sabía que eran unas privilegiadas, así que desde la infancia quise que entendieran el valor del trabajo para apreciar el trabajo de los otros. Eso me parecía muy importante.

Yeslam y yo aprovechábamos cada oportunidad que teníamos para ir a Suiza, donde compramos una casa en un pueblo a las afueras de Ginebra. Allí vivía como quería y me ponía lo que deseaba. Podía ir en coche al cine, podía caminar sola por las calles. Les enseñé a las niñas a esquiar y compraba libros como loca, suspirando al pensar en los largos y deprimentes meses en Jeddah.

Siempre le tenía pavor a la vuelta a Arabia Saudí. También para las niñas, la transición entre nuestros dos mundos era a veces brutal. De pequeñas, al cubrirme mientras sobrevolábamos Jeddah, siempre trataban de arrancarme la *abaya* de la cara. A medida que fueron creciendo, dejaron de intentarlo. Una tarde de primavera en 1981, me di cuenta de que se acercaba el momento de que mis hijas fueran a la escuela.

Hasta hoy en Arabia Saudí no hay obligación legal de educar a las niñas. Muchos saudíes no envían a sus hijas a la escuela y muy pocos lo consideran importante. Incluso la educación de los varones es relativamente reciente: hasta la Segunda Guerra mundial, sólo había escuelas tradicionales que enseñaban árabe, un poco de historia islámica y el Corán. Pero a principios de la década de 1960, la princesa Iffat, esposa del rey Faisal, hizo frente a una tremenda oposición de los líderes islámicos y abrió Dar el Hanan, la primera escuela para niñas de Arabia Saudí. Ése es el lugar que Yeslam propuso para Wafah, de seis años, y la pequeña Najia, de cuatro.

Sabía que sería difícil para ellas, pero no tenía alternativa. A los niños saudíes no se les permite asistir a escuelas extranjeras. Además, mis hijas eran Bin Ladin. No podía aislarlas de la cultura de su padre. Tenían que enfrentarse a ese desafío y, por primera vez, estarían solas.

Yo había protegido a las niñas de buena parte de lo que era Arabia Saudí y, como consecuencia, ni siquiera hablaban bien el árabe. Traté de prepararlas, de decirles que harían amigas, que aprenderían árabe y que lo pasarían muy bien. Con el corazón acongojado, las vi entrar en sus aulas, vestidas con delantales verde oscuro y blusas blancas con volantes. No lloraron.

Los niños saudíes son vivaces y divertidos, como los niños de todas partes. Puede que estén malcriados; puede que les falte disciplina; puede que exista una interacción desagradable entre los varones —que se saben superiores— y sus hermanas. Pero los niños son niños y es imposible contener la chispa de su inteligencia natural.

Sin embargo, en otros aspectos, los niños saudíes eran distintos de mis hijas. Desde muy pequeños, se les prepara para asumir un código social estricto. A medida que crecen, se les va inculcando hasta la médula la certeza del status inferior de las mujeres y de su sumisión absoluta. El hijo mayor de Haïfa —de apenas diez o doce años—, si veía venir hombres, ordenaba a su madre, de manera cortante, que se pusiera el velo. Las niñas sabían que debían caminar, vestirse y hablar sin llamar la atención. Debían ser sumisas, dóciles y obedientes: era común ver a un niño entrar a un cuarto y levantar a su hermana mayor de la silla donde estaba sentada.

En la escuela esos niños sufrían una especie de lavado de cerebro. Vi cómo ocurría con mis hijas. Las lecciones —árabe, matemáticas, historia— las aprendían de memoria, como si fueran loros, sin una comprensión más profunda de su verdadero significado. No había deportes, ni debates, ni discusiones. No había juegos, ni canicas, ni triciclos. Educación religiosa era la asignatura más importante y duraba la mitad o más del tiempo

Recuerdo que cuando Wafah tenía siete u ocho años, una noche le eché un vistazo a su cuaderno y descubrí que, con su escritura árabe infantil, había escrito: «Odio a los judíos. Amo Palestina». ¿Qué le estaba sucediendo a mi hija? Si iba a odiar a alguien, quería que tuviese una buena razón. La disputa árabe-israelí era algo de lo que nada sabía.

Al día siguiente fui a ver a la directora de la escuela y le dije:

—Mi hija no sabe dónde está Palestina. No sabe nada de Israel. Ni siquiera está aprendiendo geografía aún. ¿Cómo se le puede enseñar a odiar, cuando no sabe nada de la cuestión?

La directora, una mujer pequeña pero decidida, ignoró mi protesta.

—Para usted ese tema está fuera de discusión —me dijo—. Usted es extranjera, no puede entender. ¿Está enterado su marido de esto?

Intenté mantener la dignidad. Le dije que mi marido estaba absolutamente al tanto de mi posición y que yo le pediría a él que la llamase por teléfono. Luego volví a casa, llamé a Yeslam y él telefoneó a la directora para decirle que estaba a cargo de la educación de mis hijas.

Fue una especie de victoria; quería que supiera que Yeslam me daba absoluta potestad sobre las niñas, algo que muy pocas esposas saudíes podrían decir. Pero, por dentro, sabía que no podría hacer nada para impedir que la escuela les enseñase a odiar ciegamente. No tenía opción. Debía dejarlas de las ocho de la mañana a las dos de la tarde cada día. Debía aceptarlo: una de las muchas cosas que empecé a aceptar contra mi voluntad.

No obstante, a pesar de que no podría cambiar sus tareas escolares, era su madre y podía influir sobre ellas. Las enseñé a razonar, a deducir cosas, a pensar por ellas mismas. Las recogía de la escuela a las dos y durante la comida —a un nivel infantil, claro— a menudo hablábamos de las noticias o de la tolerancia religiosa. Diseñé un programa de actividades extra-escolares: juegos con Playmobil y plastilina, deportes. Las niñas aprenderían música. Tal vez, cavilé, debería contratar una maestra que viniese a casa.

No me importaba que Wafah tuviera notas altas en la escuela: sabía que su maestra siempre le daría las mejores notas a una Bin Ladin, las mereciera o no. Todo carecía de importancia. Y, en todo caso, sus calificaciones sólo reflejaban la rapidez de la memoria de Wafah, no su comprensión de las lecciones.

Un día, desesperada, me reuní con su maestra y le dije que quería que tratara a Wafah como a las otras niñas. Unos días después, Wafah llegó a casa sollozando: su maestra la había abofeteado. Volví, no para protestar, sino para decirle que ése no era el mejor méto-do de imponer disciplina. Furiosa, la mujer dijo que Wafah era una mentirosa, que jamás había hecho cosa semejante. Y les preguntó a las niñas:

—Wafah está mintiendo, ¿no? Yo no te pegué, ¿no es cierto?

Pero una niña valiente, también medio extranjera, levantó la mano y dijo que Wafah había dicho la verdad. Esa pobre niña lo pasó muy mal el resto del año.

Comprendí que mi intervención no estaba bien, pero no podía quedarme quieta viendo como mis hijas eran educadas así. Y aunque odiaba dar más trabajo a las niñas, contraté a una maestra para que les diera clase después de la escuela. Le dejé bien claro que quería que mis hijas entendieran —y no sólo memorizaran— las leccio-nes. La maestra no me preguntó qué había querido decir (una sau-dí no dice que no entiende porque eso significaría desprestigiarse). Pero pude ver que luchaba por enteder de qué le hablaba. Y creo que, al final, se dio cuenta de que era el mejor modo de aprender. Eso salvó la inteligencia de mis pequeñas Wafah y Najia.

En otra ocasión, Wafah de nuevo volvió a casa llorando. Había habido música en la escuela y ella se puso a bailar. Una compañera le silbó para que parase.

—Es *haram* —le dijo a Wafah—. Bailar es *haram*. ¿Es que no sabes nada?

¿Qué tiene que hacer uno cuando la hija pregunta si bailar es pecado?

—Bailar no es *haram* —la tranquilicé—. Puedes bailar.

Podría haberle advertido que bailara en casa, en privado. Esas cosas, un día, le traerían problemas. ¿Pero cómo decirle a unas niñas que la música y el baile son pecado? Esas censuras incontables, interminables, estúpidas y perversas me irritaban. No podía permitírselas a mis hijas.

Mientras criaba a mis pequeñas, las palabras de Jalil Gibran me obsesionaban:

> *Tus hijos no son tus hijos.*
> *Son los hijos y las hijas del deseo de la vida misma.*
> *Vienen a través de ti, pero no de ti, y aunque están contigo, no te pertenecen.*
> *Puedes darles tu amor, pero no tus pensamientos, porque ellos tienen sus propios pensamientos.*
> *Puedes albergar sus cuerpos, pero no sus almas; porque sus almas habitan en la casa del mañana, que tú no puedes visitar ni siquiera en sueños.*
> *Puedes esforzarte para ser como ellos, pero intenta que ellos sean como tú.*
> *Porque la vida no retrocede ni se detiene con el ayer...*

Valoraba a mis hijas; intentaba darles amor, reconociendo que ellas tenían sus propios pensamientos. A mi alrededor, sin embargo, veía un tipo de educación completamente distinto. En Arabia Saudí hay una visión distinta del respeto. Uno nunca ve a un hijo contradecir a su padre. Para mí, el respeto es algo más profundo; el ejemplo de Mary Martha me lo había enseñado. Creo que cuanto más se ama a alguien, más capaz debería ser uno de decir cosas difíciles: el consenso superficial es sólo para los extraños. Quería que mis hijas supieran más que yo, que fueran más inteligentes que yo, que estuviesen en desacuerdo conmigo y que me lo demostraran.

Respetaba el carácter y las opiniones de mis hijas, casi tanto como deseaba que ellas me respetaran a mí. Para mí, el respeto debía ganarse con las acciones. No quería que mis hijas se sintieran obligadas a aceptar todas mis ideas. No quería que se sintieran intimidadas. Quería que me dijeran no, porque, si lo hacían, podrían decirle no al mundo, y crecer y llegar a ser lo que quisieran ser.

Pero en la escuela, mis hijas aprendieron a temer al fuego del infierno. Comenzaron a preocuparse por mi alma.

—Si no rezas, mami, irás al infierno —me dijo Najia, mirándome con sus enormes ojos inocentes.

Cada vez que veía la preocupación en su mirada, me sentía mal. Le decía que mi fe era una cuestión entre Dios y yo. Que lo más importante era obrar de tal modo que ayudásemos a los otros y que no los hiriésemos. Les decía a las niñas que no debían orar por miedo al infierno. Les explicaba que la oración no es algo que se hace para negociar con Dios: es una petición íntima para alcanzar la paz interior.

Era un tema que les sacaba a relucir de vez en cuando a algunas de mis cuñadas. Sin embargo, siempre era en vano: sus certezas eran absolutas. Pero con mis hijas, la lección funcionó; quizás, demasiado bien. A pesar de su tierna edad, formaban sus propias opiniones. Un día el rey decretó que todas las niñeras de Arabia Saudí se hicieran musulmanas. Dita, nuestra criada filipina, les dijo a Wafah y a Najia que estaba avergonzada porque el rey había dicho que su religión no era la correcta. Wafah le preguntó si creía en el islam, y se levantó sorprendida cuando Dita le dijo que no.

—¿Por qué tienes que cambiar, si crees en tu religión? —le preguntó Wafah a Dita—. ¿Qué pensarán de ti tu madre y tu padre? Mi madre nunca te obligará a cambiar de religión.

La niña era una monada, pero también inteligente y perspicaz. Ese viernes, cuando almorzamos con mi suegra, le conté la historia. La reacción de Om Yeslam fue insospechada. Con el ceño fruncido me dijo: «Le has cerrado la puerta al paraíso». Wafah, a los siete años, se había dado cuenta de que el asunto era la creencia de Dita y no la apariencia de creer. Pero mi suegra estaba convencida de que simular ser musulmana era infinitamente preferible a ser una católica creyente.

Vi que educar a las niñas con ideas occidentales no les estaba haciendo ningún favor. Así como teníamos dos guardarropas diferentes para Suiza y Arabia Saudí, poco a poco estábamos desarrollando dos modos de pensar. En Ginebra las niñas llevaban camisetitas y pantaloncitos con volantes, y yo, en la playa de Cannes, usaba bikini. Las niñas iban a cabalgar y aprendieron esquí acuático. Yeslam se lo permitía porque eran pequeñas y no importaba. Y además estaban en el extranjero, de manera que, en cierta forma, no era lo mismo.

Pero las ropas de Ginebra sencillamente no podían ser usadas en Jeddah (ni siquiera dentro de la casa). Con la gente de allí, debían guardarse las apariencias. Tenía que ser cuidadosa. Las primas mayores de mis hijas llevaban faldas más largas y más recatadas. A medida que se hacían mayores, muy pocas primas asistían a los cumpleaños de Wafah y de Najia. No era adecuado que jugasen con varones. Y de las que venían, muchas actuaban de forma rígida, ya no como niñas. Ya no sabían cómo gritar, cómo hacer la ronda, jugar o bailar.

Mis hijas estaban empezando a entrar en un mundo que no era el mío. La primera vez que una de sus primas usó el velo me sobresalté: «¿Ya?». La idea abstracta de que mis hijas estaban creciendo se hacía más real. Pronto Wafah se envolvería en ese manto de oscuridad. Había un pequeño margen: las familias muy religiosas ponían el velo a sus hijas a los nueve años, pero otras familias esperaban a la pubertad, a los doce o trece años. Pero toda muchacha tenía que llevar velo en público después de su primera menstruación. Temía ese día, aunque intentaba razonar. Al fin y al cabo, yo misma llevaba *abaya*: no era el fin del mundo, apenas un inconveniente menor.

Pero, viendo que la sociedad saudí se dirigía hacia un rígido fanatismo, ya no podía confiar en que algún día mis hijas irían sin velo, si así lo quisieran. Miré mi propia *abaya*, adornada con un tenue bordado de plata: de pronto me pareció una prenda horrible, espantosa por su negrura y aterradora por todo lo que representaba. Al educar a mis hijas en la libertad, la tolerancia y la igualdad, las estaba haciendo mujeres que se rebelarían contra la sociedad que quería encerrarlas. Y como había demostrado el asesinato de la princesa Mish'al, en Arabia Saudí una mujer rebelde puede estar marcada para la muerte.

Yo era extranjera, y mi marido era amable y comprensivo. Pero ningún otro Bin Ladin —ninguno de los varones saudíes que conocí— toleraría valores occidentales. ¿Tendrían Wafah y Najia una vida tan fácil como la mía? ¿O sus maridos se parecerían más al adusto y reservado Bakr? ¿A Mahrouz, el antiguo playboy, convertido en un extremista islámico de línea dura? ¿O, pensamiento atroz, al rígidamente puritano de Osama? Los hombres saudíes eran impredecibles: uno aparentemente liberal podía cambiar de posición en pocos meses, convertirse en devoto e imponer las estrictas costumbres islámicas a su mujer.

Había elegido a mi marido. Recibía hombres en mi casa y hacía fiestas. ¿Podrían mis hijas tener las mismas posibilidades? ¿O quizás se casarían con un primo, por un arreglo familiar, para ser entregadas a él, en cuerpo y alma, pasara lo que pasase, el resto de sus vidas?

Los matrimonios de mis hijas podían malograrse; mi propio matrimonio podía fracasar un día. Estas ideas adquieren mayores proporciones en Arabia Saudí, donde el marido tiene la llave de las libertades minúsculas de su mujer.

La palabra «islam» significa sumisión. Y yo temía la sumisión. Había visto a muchas mujeres privadas de sus hijos, de su independencia, de su propia personalidad. Pero si mis hijas no se sometían, ¿qué vidas tendrían?

Eso me carcomía. Había sido libre para elegir, y había elegido una vida que, de muchas maneras, pequeñas y grandes, tenía restricciones. Al hacer esa elección, además, había aceptado que mis hijas no fueran libres para elegir, como yo sí lo había sido. En mis pesadillas, veía a mis hijas convertidas en mujeres saudíes, doblegadas por el peso de la sumisión ciega y rodeadas de tinieblas. Durante esas largas noches, mientras miraba el crepúsculo desde la terraza, ya no veía los pájaros negros que volaban a través del desierto vacío. Ahora eran estas preocupaciones dolorosas las que giraban alrededor de mi cabeza.

CAPÍTULO XV

Una pareja saudí

A medida que Yeslam se volvía un extraño, yo comencé a distanciarme de la familia Bin Ladin. Vivía para las vacaciones escolares, contando los días para viajar a Europa o a Estados Unidos, mi propia versión de la libertad. Sin embargo, cuando Fawzia, la hermana menor de Yeslam, se prometió, la ceremonia tuvo lugar en nuestra casa de Jeddah: Yeslam era mi guardián ante la ley, pero también era el cabeza de familia.

De todas las mujeres Bin Ladin, con Fawzia tenía más trato. La había visto crecer y convertirse en mujer. Era la única hermana de Yeslam, la única hija de Om Yeslam, y vivíamos en la misma casa desde hacía más de un año. Como era una muchacha, Fawzia nunca había salido al extranjero a estudiar; siempre había vivido con su madre y, hasta que se casó, las dos incluso compartieron el dormitorio.

Fawzia tenía su propio punto de vista sobre sí misma y su importancia en la familia. Era bonita (era considerada la más bonita de las hermanas Bin Ladin). Y como hermana carnal, siempre creyó que debería tener más poder en las vidas de sus hermanos que las esposas de éstos.

Quise intimar más con Fawzia, pero no pude; sentía que ella envidiaba la relación especial que yo tenía con su hermano. Vio que yo no era ciega a las artimañas que empleaba para obtener concesiones de su futuro esposo o incluso de sus hermanos.

Para mí, las relaciones son francas. Si quería algo de Yeslam, se lo pedía directamente. Cuando mi madre se vio con problemas financieros, sin más pedí a Yeslam que la ayudase y él lo hizo. Yo era directa, y ambos discutíamos cualquier asunto.

Fawzia había sido educada para evitar ese tipo de comportamiento claro y directo. Como muchas otras mujeres saudíes, aprendió a manipular a los hombres de una manera sutil e indirecta para obtener lo que necesitaba. Si las mujeres saudíes querían viajar al extranjero, siempre darían una excusa plausible, como una consulta médica. Si necesitaban más dinero para comprarse algo, se inventaban como pretexto algún asunto casero, y luego usaban el dinero para sus propios fines.

Mis cuñadas solían guardar dinero del presupuesto doméstico para sus fines privados. Una vez, tenía que comprar regalos para amigos del extranjero y Yeslam me dio 200.000 riyales (cerca de 50.000 dólares) para que fuese al zoco del oro. Fui de compras con una de mis cuñadas y, cuando volvimos, le mostré a Yeslam lo que habíamos elegido y le dije:

—Me han sobrado 60.000 riyales.

Puse el dinero sobre la mesa. Mi cuñada se sorprendió y me regañó:

—Tu marido te dio ese dinero. ¡Quédatelo, es para ti!

Pero Yeslam y yo nunca vivimos de ese modo. En casa siempre hubo una caja con efectivo —20.000 riyales o, en ocasiones, diez veces esa suma— que yo podía usar a mi voluntad. ¿Para qué iba a hacer yo algo solapado?

No recuerdo haber visto a una mujer saudí siendo directa o admitiendo su ignorancia. A veces, hablando con mis cuñadas, me daba cuenta de que no entendían en absoluto lo que yo les decía, pero nunca iban a admitirlo. (No obstante, con posterioridad, las escuchaba repitiéndoselo a otro.) Las mujeres saudíes nunca admiran abiertamente algo que le pertenezca a otra. Critican a la gente, sus apariencias, su manera de vestir, sus hogares. Pero luego, tras expresar su desprecio, copian constantemente lo que critican.

A menudo me pregunté si soportaría que mis hijas aprendieran tal comportamiento. Sabía que crecerían en Arabia Saudí y que, como mujeres, allí no podrían obtener nada que les fuera propio: siempre dependerían de la autorización de los hombres.

Fawzia y yo veníamos de dos mundos diferentes. Tal vez sus orígenes y su lugar en esa sociedad gobernada por machos implicaran que ella, sencillamente, tenía que aprender a ser manipuladora y astuta para hacerse con aquello que necesitara. En los Estados Unidos, yo había aprendido a ser directa. En Arabia Saudí, su comportamiento era, probablemente, más inteligente y se adaptaba mejor que el mío.

Había muchísimas diferencias entre nosotras. Soy mujer y admito que puedo ser vanidosa. También, que me gusta el lujo (las cosas que se pueden comprar con dinero). En aquellos días tenía cinco o seis abrigos de piel para mis viajes a Europa, una caja fuerte llena de joyas y un armario lleno de vestidos de *prêt-à-porter*. Nunca pregunté el precio de nada: si algo me atraía, me lo compraba.

Pero para muchísimas mujeres saudíes, ir de compras era como una compulsión, un frenesí con el que llenar el vacío y el aburrimiento de sus vidas. No parecían comprarse cosas porque les gustaran. Se las compraban porque otras mujeres las tenían y, entonces, ellas deseaban tener más cosas, y mejores, que las demás. En una ocasión, Yeslam me regaló una gargantilla de esmeraldas. Fawzia la criticó; luego, fue directa a comprarse una igual.

Con todo, cuando Fawzia se casó, me sentí feliz por ella. Fawzia y Om Yeslam parecían encantadas. Estábamos en Ginebra cuando nos enteramos de que los arreglos para su compromiso con Majid al Suleiman, miembro de una de las más importantes familias saudíes, habían finalizado. Me dijo que necesitaba un vestido, así que corrí y le compré uno precioso de Givenchy. Era rosado y blanco, con cintas de seda: un vestido de novia de la última colección de *haute couture*, el vestido más bonito de Ginebra en ese año.

Fawzia lo despreció —era demasiado sencillo—, pero cuando vio que a sus cuñadas les encantaba, se lo puso de todos modos. Sin embargo, no recuerdo que me lo haya agradecido. Estaba muy segura de su propia superioridad. Siempre se llegaba a lo mismo: ella era saudí y yo, no.

Para la fiesta de Fawzia hicimos uso de todos los recursos posibles. Colgamos en el jardín miles de luces e hicimos planes para servir a cientos de mujeres. Pero entonces, la noche anterior a la boda, Fawzia amenazó con suspender todo. Quería un contrato matrimonial que le asegurase que podría iniciar trámites de divorcio.

Nunca había oído nada semejante. En Arabia Saudí, divorciarse es sencillo... si uno es hombre. Él se limita a recitar «Me divorcio de ti» tres veces, en presencia de testigos, y sanseacabó. Sin embargo, una mujer debe luchar contra procedimientos bizantinos ante un tribunal religioso, y la única esperanza de divorcio que tiene es alegar un comportamiento manifiestamente no islámico. (El adulterio y las palizas no cuentan.)

La fiesta de compromiso se pospuso dos días. Los floristas se llevaron los enormes arreglos florales; todo quedó en suspenso. Pero Fawzia obtuvo su contrato. Obtenía lo que quería; era sagaz.

Así que la fiesta siguió su curso. Cuando llegaron las invitadas y se quitaron sus *abayas*, fue como asistir a una competición a propósito de quién llevaba más maquillaje, la mayor cantidad de joyas, los vestidos de *haute couture* más caros. Fawzia y Majid, el novio, llegaron por separado, recibidos por los gritos ululantes de las mujeres presentes. Fueron colocados debajo de un dosel. Firmaron el registro. Ésa era la parte de mi propia boda que yo me había perdido —era el registro que yo había firmado en el coche—, porque la fiesta de Regaih había ocurrido antes de que yo llegase a Arabia Saudí para casarme. La verdadera fiesta de casamiento de Fawzia tuvo lugar semanas después, en un hotel. Sin embargo, desde ese momento, Fawzia y Majid estaban legalmente comprometidos y, finalmente, tenían derecho a pasar tiempo juntos sin la presencia de una carabina.

A Yeslam y a mí nos gustaba Majid. Tenía 22 años, era bastante más joven que su mujer, apuesto, con rasgos clásicos y una bonita sonrisa. Era un hombre de temperamento muy tranquilo, mucho más tolerante que Fawzia con los demás. Majid era ocurrente y poseía un gran sentido del humor. Hablábamos y nos reíamos; en el verano, los cuatro fuimos a Ginebra. En una ocasión, me vio con un abrigo de zorro plateado, que tenía un brillo gris natural. Majid, a quien le gustaba hacer bromas, exclamó:

—¿Qué? ¿Hiciste que le salieran canas al pobre animal? —y miró a Yeslam, y le dijo—. Ten cuidado, hombre, no estés demasiado cerca de tu mujer, ¡a ti también te sacará canas!

Wafah y Najia adoraban a Majid. Era un hombre muy amable y paciente, y era bueno que Fawzia tuviera a Majid para que la controlase. Recuerdo que una vez, Majid y yo estábamos a punto de salir de su casa para ir a algún sitio. Majid y yo estábamos esperando escaleras abajo, y él hizo un gesto de molestia cuando oyó a Fawzia regañando a la criada, que había hecho un agujero en la alfombra, mientras planchaba sobre el suelo. «¿Por qué no comprarle a la pobre mujer una tabla de planchar?», pensé. Pero la criada sentía terror ante Fawzia y también de los niños.

Fawzia tuvo dos hijos: Sarah y, luego, Faisal. Como muchos de los niños saudíes ricos, a la pequeña Sarah la consintieron en todo lo que quería, pero en realidad nunca recibió mucha atención de los adultos. Tenía cajas de juguetes con los que no sabía cómo jugar y carecía de disciplina. Me acuerdo de que, una vez, vi a la pequeña Sarah romper mazos enteros de cartas: Fawzia nunca trató de enseñarle a respetar los objetos o a la gente.

Los padres saudíes parecían muy enamorados de sus hijos, pero, al mismo tiempo, pasaban por alto sus necesidades más profundas. Sarah nunca parecía estar ocupada en algo constructivo. Si se ponía irritable, Fawzia se limitaría a hacerle señas a la criada (no una niñera entrenada sino apenas una sirvienta de la casa). La pobre mujer cuidaba de Sarah —y de Faisal, el bebé— de la mañana a la noche, además de ocuparse de las tareas de la casa. Si uno de los niños lloraba, era culpa de la criada, pero nunca había una palabra de gratitud por su trabajo. Dita, nuestra criada filipina, solía ayudar a las niñas a dormirse, recostándose junto a ellas en la cama. Ese sencillo ritual doméstico se convertía en un problema si las niñas alguna vez se quedaban a dormir en casa de Fawzia, porque a su criada no se le permitía utilizar los muebles de la casa. Ni siquiera se le permitía sentarse en una silla cuando les daba de comer a los niños.

Majid tenía una influencia moderadora sobre su mujer. Pero un día, nos golpeó la tragedia. Majid sentía pasión por los automóviles y se compró un coche de Fórmula Uno. Era de un verde brillante y todos lo conocían: corría con los colores de la aerolínea saudí y era el orgullo y la alegría de todo adolescente del país. El día en que entregaron el coche, Majid decidió conducirlo. Pero la aceleración era demasiado potente y, al sacarlo del garaje, dio una sacudida hacia delante. La cabeza de Majid golpeó entonces contra la barra antivuelco y quedó inconsciente.

Lo llevaron al hospital de la universidad, donde recuperó el conocimiento. Un doctor le cosió la herida sangrante que tenía en la nuca. Pero tenía una hemorragia interna y pronto volvió a perder el conocimiento. Hicieron venir neurocirujanos de Londres, pero fue demasiado tarde: el cerebro de Majid dejó de funcionar. Su cuerpo lo siguió un mes más tarde. Fue envuelto en una sencilla mortaja y enterrado al atardecer, en una tumba sin nombre, en el desierto, según la costumbre de los wahabis. No se permitió la presencia de ninguna mujer.

Me sentí deshecha y no pude pensar en nada más. Majid, que era tan dulce y divertido, tenía sólo 27 años. ¿Cómo podía estar muerto? Me preparé para el período de tres días de luto en la casa de la madre de Majid, donde todas las mujeres de su familia estarían presentes para acompañar en su dolor a Om Majid y a Fawzia (Yeslam

estuvo, con los hombres, al lado del padre de Majid). Cuando llegué, me encontré con una habitación llena de mujeres llorando
ostensiblemente, todas vestidas de negro o de blanco, y a Fawzia,
con todo su maquillaje, tirada sobre un sofá. Acababa de dar a luz
—Faisal, su hijo, tenía sólo dos o tres meses— y cuando Om Yeslam le preguntó si necesitaba algo, Fawzia le respondió: «Una faja».

Me quedé estupefacta. ¡Estar preocupada por la apariencia en un
momento como ése! Le expresé mis condolencias por su pérdida.

—Es la voluntad de Dios —me dijo Fawzia—. Tal vez haya sido
lo mejor. Quizás, si hubiese vivido, nos habríamos divorciado y se
hubiese quedado con mis hijos.

De nuevo horrorizada, intenté prestar atención a los niños. Faisal, el bebé, estaba llorando: no lo habían bañado o, al menos, aten-
dido como correspondía en varios días. Lo levanté y lo lavé, y luego me llevé a la pequeña Sarah a montar en tiovivo, para que se
distrajera. Durante el período de tres días de duelo mantuve el
mayor silencio que pude.

Una de las hermanas de Majid estaba destrozada y le dije a Fawzia que estaba preocupada por ella.

—Oh, ella —dijo Fawzia—. Durante nuestros cinco años de
matrimonio, apenas la vimos. Está siendo melodramática...

Era como si Fawzia no quisiera que nadie sintiera lo que manifiestamente ella no sentía.

Unos pocos días después, nos enteramos de que uno de los hermanos de Om Yeslam se había muerto en Irán. Fawzia estaba todo
el tiempo sobre su madre: «Oh, mamá, pobre mamá». Lamento no
haberme podido.contener:

—Fawzia, ¿hace cuánto que Om Yeslam no veía a su hermano?

—le pregunté. Me lanzó una mirada que hubiera derretido el hielo, aguda como la de una serpiente, y pienso que después de eso realmente me odió.

Días después, antes de partir a Ginebra, decidí expresarle mis condolencias una última vez a Om Majid; era una mujer amable y yo la apreciaba. Fawzia le pidió a mi chófer que llevara una nota. Cuando Om Majid la recibió, la vi hacerle una seña a su criado.

—Dale el dinero al chófer —dijo, con su rostro todavía marcado por la pena. Tardé unos pocos instantes en darme cuenta de que Fawzia le había enviado a su suegra la cuenta de 2.000 riyales, correspondientes al salario de su cocinero. Quise que me tragara la tierra.

CAPÍTULO XVI

Hermanas en el islam

Fawzia nunca dio muestra alguna de compasión en su alma, pero oraba cinco veces por día. Todas las Bin Ladin lo hacían; y entre las más ortodoxas de todas estaba Sheikha. Sheikha era casi la contrapartida femenina de Osama, aunque, claro, mucho más dócil. Todas las Bin Ladin más jóvenes la admiraban. Hasta las suegras buscaban a Sheikha por su devoción religiosa, particularmente después de que empezara a trabajar para Osama, recolectando ayuda para los afganos y viajando a Afganistán para entregarla.

Visitaba a Sheikha a menudo, como lo hacía con muchas de mis cuñadas. Necesitaba entender la cultura en la que vivían mis hijas y las raíces de mi esposo. Sheikha y su marido se habían construido una casa cercana a la nuestra. Pero nunca intimamos en el sentido occidental. Las mujeres saudíes no abren sus vidas a otras mujeres como lo hacen las estadounidenses o las europeas; y menos a una extranjera.

Entre las mujeres, descubrí que existía un sentido más codificado de lo que era ser hermana carnal y media hermana que el que existía entre hombres. Por ejemplo, las tres hermanas de Ahmad

—quienes compartían la misma madre— verdaderamente parecían muy unidas; iban casi a todas partes juntas. A veces, las hermanas Bin Ladin parecían realmente amigables, aun cuando fueran sólo medio hermanas: Sheikha y Rafah, por ejemplo, no tenían la misma madre, pero compartían sus convicciones religiosas. Pero yo no había crecido con ellas; ni siquiera era una media hermana; era apenas una cuñada, una occidental. De manera que ni siquiera puedo decir haber sido jamás lo que llamaríamos «alguien cercano».

Con todo, iba de visita. Era una actividad. Sheikha me preguntaba por Yeslam; yo me interesaba amablemente por la salud de los miembros de su familia. Hasta ese diálogo sencillo tenía un aspecto ritual, era un campo minado de posibles errores horribles. Sheikha podía emplear el nombre de mi marido en la conversación: era su hermana. Pero yo no podía pronunciar el nombre del marido de Sheikha, aunque ella fuese mi cuñada. Pronunciar su nombre en voz alta o preguntar por su salud supondría una forma de intimidad. Ése era un lugar adonde una no debía ir jamás.

Había vivido durante tanto tiempo en Arabia Saudí que ya no notaba esos rígidos y corteses rituales de segregación. Retrospectivamente, veo lo extraños y alienantes que eran.

A pesar de todo, a Sheikha le tenía cariño: tenía energía y vigor, aunque todo eso iba a abonar sus creencias religiosas. La hija mayor del jeque Mohamed, Aïsha, también tenía un atractivo muy fuerte y dominante. Aïsha era muy íntima de Om Yeslam —habían amamantado juntas a sus hijos— y todas las Bin Ladin parecían reservarle a Aïsha un lugar especial, como correspondía a la mayor de las hijas del gran jeque (Aïsha era mayor que muchas de sus esposas).

Aïsha era baja de estatura, pero muy digna, y también, relativamente franca. Cuando iba a su casa, Aïsha se quejaba con frecuencia de que Yeslam no fuera a verla más a menudo. Era osada: ninguna otra hermana se quejaría jamás sobre su hermano.

Pero la crítica insinuada nunca llegaba demasiado lejos. En cierta oportunidad, llegué a alguna reunión familiar con Yeslam y vi a Aïsha en el cuarto.

—Mira —le dije—, ya no tienes que decirme que Yeslam no viene a verte más. ¡Aquí lo tienes! ¡Díselo tú misma!

Todos se sintieron espantados. ¡Había invitado a Aïsha a que le llamara la atención en público a mi esposo (su hermano)! El silencio que siguió a mi observación pareció interminable.

La única ruptura a ese protocolo terriblemente comedido que gobernaba las relaciones entre las Bin Ladin eran unos pequeños, pero perceptibles, celos respecto de Randa, una de las hermanas. Randa era hija única —no tenía hermanos carnales—, sin embargo, era privilegiada porque era la favorita de Salem y éste era el mayor de los hermanos.

Salem era quien presidía el clan de los Bin Ladin. Y Salem nunca le negaba nada a Randa o, al menos, eso es lo que decían las mujeres. Era casi escandaloso —murmuraban— el modo en que Salem la llevaba a todas partes, viajando con ella incluso fuera del país (a veces, incluso, sin su mujer). De hecho —decían—, cuando Salem viajaba al extranjero con Randa y con su mujer, Randa se sentaba en el coche al lado de él, mientras que la mujer de Salem quedaba relegada al asiento trasero.

Siempre he odiado el cotilleo, y esa especie de chismorreo parecía particularmente fútil.

Una podría creer que en un mundo de mujeres, habría compañerismo y espontaneidad, una comprensión cálida y apoyo. Pero entre las Bin Ladin cada gesto era siempre muy medido, y estaba altamente ritualizado y casi completamente fijo. Mi amiga Haïfa —la mujer siria de Bakr— comprendía con mayor naturalidad que yo los códigos y tenía que ayudarme a entenderlos.

Yo era buena para imitar el comportamiento social. Con el tiempo, me las arreglé para desempeñar los rituales conversacionales correctos en las interminables reuniones vespertinas a las que me sentía obligada a asistir.

Pero me frustraban. Nada parecía profundizarse jamás. Era una familia muy grande, con muchísimas idas y venidas, pero el contacto entre sus miembros parecía muy superficial.

Más adelante, una tarde, Sheikha me invitó a que asistiera a una de sus reuniones de estudio religioso. Las hermanas escogidas se instalaron en la sala de estar y oyeron silenciosamente, mientras una estudiosa hablaba monótonamente, al tiempo que leía el Corán y lo interpretaba. Noté que algunas de esas mujeres se estaban volviendo absolutamente fanáticas. Se podía decir quiénes eran las más fervientes por sus guantes, gruesos y negros, bajo el calor de Jeddah. Muchas ahora llevaban pañuelos en la cabeza, incluso dentro de casa, aunque sólo estaban presentes mujeres.

La fuerza de sus convicciones religiosas les dio a Aïsha, Sheikha y Rafah (otra hermana mayor, bastante bonita) papeles de liderazgo. Creo que Rafah estaba genuinamente preocupada por mi alma inmortal; mientras tanto, yo quería que ella se abriese un poco al mundo. Rafah y yo a menudo discutíamos sobre los méritos de las restricciones del islam en Arabia Saudí. Siempre estaba predicando el comportamiento islámico correcto. Las mujeres más jóvenes —como Najwah, la triste y retraída esposa de Osama— siempre estaban silenciosamente de acuerdo.

Algunas de esas mujeres realmente me caían bien. Me gustaba Om Yeslam, que era amable y gentil. Me encantaba la energía de Sheikha. La madre de Rafah —como la de Sheikha— era una mujer dulce y cordial; Taiba, que había perdido a sus hijos cuando su marido se divorció de ella, era amable y cálida. Creo que yo también les caía bien.

No obstante, al asistir esa tarde a la reunión de estudio religioso en casa de Sheikha, me di cuenta de hasta qué punto Haïfa y yo habíamos llegado a estar en minoría. Observaba a las mujeres sentadas a mi alrededor y las escuchaba hablar, como si se tratase de una película. Me sentía completamente ajena. Najwah resultaba particularmente inquietante, quizás porque era muy sumisa. Estaba constantemente embarazada; para cuando dejé Arabia Saudí para siempre, ella y Osama habían tenido siete hijos, y Najwa todavía no tenía treinta años. Con su ropa sin gracia y sus ojos siempre mirando el suelo, Najwah parecía casi completamente invisible.

¿De qué podría haber hablado con mujeres así? ¿Qué se le puede decir a alguien, cuando no se tiene nada en común? Ahí estaba, pensando para mí: «¿Qué tiene esa muchacha en su vida? Es religiosa… La religión es todo su mundo. No puede escuchar música… tiene un niño tras otro y su marido no la deja salir. Puede que me sonría, probablemente está pensando: "Pobre mujer, se irá al infierno", y yo pienso: "Pobre mujer, *vive* en el infierno". Tenemos convicciones totalmente opuestas». Najwah y las de su tipo me asustaban. Considero que las mujeres son las guardianas del progreso moral, fiadas al progreso; cuando se aferran al pasado por miedo al cambio, la sociedad no puede evolucionar.

Me parece que, más que cualquier otra religión, el islam cala profundamente en la vida cotidiana de sus creyentes. No se limita a una teología; es un modo de vida vastamente detallado. Para un musulmán estrictamente ortodoxo —y los saudíes son los musulmanes más estrictos que existen— no es concebible la separación entre la religión y el Estado. El islam es la ley islámica: el código de comportamiento y de leyes es tan fundamental para la práctica religiosa como el Corán. La *Sharia* —el cuerpo de leyes islámicas— es la constitución de Arabia Saudí. Sencillamente, no hay posibilidad de que el gobierno o la sociedad saudí se puedan divorciar alguna vez de las estrictas leyes del islam wahabi.

El jeque Mohamed bin Abdul Wahab, quien revitalizó el islam saudí en el siglo XVIII, con su evangelismo puritano extremo, estaba convencido de que el islam que veía a su alrededor necesitaba ser purificado, ser devuelto a sus raíces del siglo VII. Mientras que en otros países islámicos menos aislados, como Egipto, el islam era visto como una serie de conceptos que habían evolucionado más o menos con los siglos, el jeque Wahab insistía en que no debía permitirse ninguna interpretación de la ley del Profeta. El islam iba a ser considerado un todo. No podía ser modernizado o adaptado.

Como consecuencia, los saudíes se convirtieron en los guardianes de la ortodoxia absoluta dentro del mundo islámico: los más duros de los duros. La única diferencia entre el islam saudí y el de los talibanes afganos de línea extrema es la opulencia y los excesos de los al-Saud. Los saudíes son talibanes amantes del lujo.

El hecho de vivir en una economía moderna y global implica que los saudíes hayan tenido que cambiar en, al menos, algunos aspectos y que debieran adaptar su sociedad, aunque sólo fuera un poco. Pero hasta las innovaciones —como los automóviles, o las imágenes fotográficas, o la televisión— requieren leyes de los estudiosos islámicos para determinar si son o no permisibles bajo el islam. En parte para pacificar a la gente encolerizada por tales cambios modernos —y en parte también por convicción—, los saudíes fundan movimientos para exportar su estricta forma wahabi del islam hacia el mundo exterior. Fundar tales movimientos se convirtió en una preocupación particularmente intensa después de la invasión de Afganistán.

Cuando vivía en Arabia Saudí, siempre se decía que el seis por ciento de las ganancias del petróleo iban para propagar el islam alrededor del mundo. Súmese a ese gasto oficial que las familias sienten como un deber personal patrocinar los movimientos evangélicos islámicos. De modo que en Europa, en Asia y en los Estados Unidos hay mezquitas fundadas por Arabia Saudí. Sus religiosos adoptan el mensaje de línea dura del jeque Wahab; lo llevan a las culturas musulmanas que han evolucionado para convertirse en más tolerantes y más flexibles.

Los estudiosos son llevados a Riad y a Jeddah para ser instruidos, y regresan a sus países para divulgar la palabra. Los saudíes presionan a la gente que recibe su ayuda financiera para hacer cumplir las reglas estrictas: prohibición del alcohol, imposición del ayuno durante el Ramadán y reducción al mínimo de la educación para las mujeres y de su acceso a la fuerza de trabajo. El islam de Arabia Saudí es una enorme y muy rica fuente de poder que busca cambiar el mundo y que se extiende mucho más allá de las fronteras de ese país, por lo demás, firmemente cerrado.

Arabia Saudí es la cuna del islam, la patria del Profeta Mahoma. Por lo tanto, el islam saudí está construido alrededor de la necesidad de salvaguardar las enseñanzas del Profeta y La Meca y Medina, los lugares santos donde vivió. La presencia de infieles resulta intolerable. A medida que pasaban los años, llegué a ver lo increíblemente defensiva que es la sociedad saudí respecto de otras religiones. Hasta la bandera del país anuncia descaradamente: «No hay otro Dios que Alá». Salvo el islam, ninguna otra religión puede practicarse en el país. A Arabia Saudí no se puede llevar la Biblia; tampoco se permite el rezo conjunto. Muchos trabajadores extranjeros —como Dita, mi criada filipina que es cristiana—, sufren mucho por esa reglamentación.

También de otras maneras Arabia Saudí ejerce un control casi paranoico sobre los millones de extranjeros que debe importar para diseñar y manejar las maquinarias de la vida moderna. Cada extranjero que entra en el Reino debe estar apadrinado por un saudí, quien se queda con su pasaporte para «ponerlo a buen recaudo», y quien ejerce un enorme control sobre sus acciones. Ningún extranjero puede siquiera abandonar el país sin la autorización de su padrino: obtener el visado de salida requiere la firma del padrino. Los extranjeros no pueden poseer propiedades en el país y para hacer negocios tienen que tener un socio saudí.

Las mujeres que se casan con saudíes frecuentemente descubren que quedaron atrapadas en el país: su marido —o su ex marido— no les permitirá partir ni a ellas ni a sus hijos. Sin su firma, no puede haber visado de salida; sin un visado de salida, no hay forma de salir.

Viviendo en Arabia Saudí, siempre me sentí un poco clandestina, como si, bajo un falso pretexto, me hubiese colado en el país y nunca debiera demostrar mi verdadera naturaleza. Cuando veía mujeres como Najwah, o Rabah y Sheikha, sentía miedo por mis hijas. Esas mujeres no se irritaban por las restricciones bajo las cuales vivían: las aceptaban. Incluso después de muchos años en el país, apenas pude entender borrosamente esa terrible disposición a la esclavitud voluntaria.

En ese momento, creía que el destino de mis hijas estaba en Arabia Saudí. Amaba a mi marido; vivíamos en su país; mis hijas eran saudíes. Sabía que debería enseñarles los códigos de comportamiento que facilitarían sus vidas de adultas. Debían aprender —y hacerlo lo más temprano que fuera posible— a comportarse como mujeres saudíes. Su bienestar y tranquilidad podrían depender de ello, así como las innumerables pequeñas libertades que requerían el permiso de los varones.

Sin embargo, por mucho que lo intentara, nunca pude arreglármelas para enseñarles a mis hijas a practicar el comportamiento manipulador y solapado que caracterizaba a las mujeres que había a mi alrededor. Tal vez, por el bien de las niñas, debí haber hecho ese esfuerzo, pero me sentía impotente para prepararlas para las vidas de mujeres saudíes. Odiaba incluso pensar en ello.

Cuando me ponía a reflexionar sobre el futuro de Wafah y Najia, me daba cuenta de que estaba educando a mis hijas para que, en la sociedad saudí, se convirtieran en rebeldes. Sabía que podrían sufrir por eso. Pero, en mi interior, también temía que mis hijas pudieran llegar a ser como Najwah y las otras, que fueran a adoptar el camino de la religión estricta y me abandonasen. No quería que mis hijas se convirtieran en extrañas silenciosas y de guantes negros: eso no lo habría soportado. No habría querido que mis hijitas dulces y alegres crecieran de ese modo.

Creo que Najwah era una persona sumisa por naturaleza, y que su educación la había vuelto fatalista. Nunca se permitía desear para su vida otra cosa que obediencia a su marido y a su padre. Eso me hubiera vuelto loca; yo habría pensado: «Dios te dio brazos, piernas y una cabeza para pensar, así que úsalos». Descubrí que, como mujer, me estaba sintiendo frustrada por estar rodeada de mujeres que sencillamente carecían de valor para resistirse al sistema.

Sheikha y Rafah tenían valor, sólo que lo ponían al servicio de la religión. Creo que eso era más sencillo para ellas que pelear por sus derechos humanos. La devoción les daba la ilusión de que tenían un poder real. Me parece que creían que, si eran religiosamente muy estrictas, entonces los hombres —así como las otras mujeres— las respetarían. Parecía funcionar: las mujeres religiosas obtenían mucho más respeto que las occidentalizadas, como Leila, la frívola esposa libanesa de Hasán.

Estoy segura de que, para mujeres como Sheikha y Rafah, su intensa piedad era una cuestión de convicciones personales. Pero creo que, en parte, también era una táctica necesaria. Cuando se vive en completa dependencia, una tiene que aprender cómo influir sobre el amo: no debe de haber otro modo de sobrevivir.

Otra manera en que una mujer saudí puede esperar influir sobre los hombres que la controlan consiste en manipular a sus hijos, particularmente a los varones. Las mujeres siempre eran más indulgentes con sus hijos y noté que, cuando el marido andaba cerca, eran incluso más atentas. La teoría era así: si una era una buena madre, entonces el marido nunca se divorciaría. Y el hijo algún día sería tu guardián legal en lugar del esposo. Se podía perder al marido, o éste podría morirse, o divorciarse de una, pero un hijo devoto siempre estaría al lado de su madre.

Yo no tenía hijos. Y a las otras Bin Ladin —incluida Om Yeslam— no parecía preocuparles mucho la educación de mis hijas. Hacía el papel de la nuera consciente de sus deberes y le daba a la lengua. En esas largas y tediosas tardes de té, no había otro tema para una charla neutral. Informaba de que Wafah y Najia habían aprendido a orar, que las había llevado a La Meca, que ellas habían aprendido árabe y podían recitar esta o aquella parte del Corán. Pero Om Yeslam nunca preguntaba por esas cosas. No podía dejar de pensar que se preocupaba mucho más por la pequeña Sarah de Fawzia.

Yo intentaba hacer que quisiera a mis hijas, pero no creo que jamás lo haya logrado. Tal vez la cuestión fuese que yo era extranjera. Un día, mucho después, cuando Yeslam y yo nos habíamos mudado a una casa mucho más grande en Jeddah, Wafah estaba jugando con una amiguita medio inglesa, corriendo alrededor de la casa, gritando y salpicando en la piscina.

—Ah, esa niña inglesa —saltó Om Yeslam, exasperada.

—Todos somos extranjeros para alguien —le respondí bastante lacónicamente.

—Yo no —contestó Om Yeslam, mirándome a los ojos—. En mí no hay ni una gota de sangre cristiana.

Por parte de padre, yo tenía sangre cristiana. Lo mismo que las niñas. Y lo que Om Yeslam había querido decir realmente era que yo tenía una personalidad determinada y terca, que me venía de vivir como individuo, en Occidente. Ella sentía que, sencillamente, nunca llegaría a someterme adecuadamente: al islam, a las reglas de la sociedad saudí, o a mi marido.

Y tenía razón.

CAPÍTULO XVII

Príncipes y princesas

Conocí a mi querida amiga Latifa en Ginebra, en un almuerzo con Fawzia y Majid. Tener relaciones sociales en Arabia Saudí es complicado —¿podían acaso las mujeres sentarse a la mesa con un hombre al que no hubiesen conocido previamente?—, pero los saudíes, cuando están en el extranjero, dejan de lado parte de su compleja red de restricciones y, en Europa, hombres y mujeres pueden verse con un poco más de libertad. Yeslam y Turki —el marido de Latifa— disfrutaban mutuamente de su compañía. Los cuatro nos hicimos amigos y Latifa y yo nos volvimos íntimas.

Latifa era una al-Saud: una princesa. Ya antes había conocido princesas y no me había sentido particularmente impresionada; las pocas que me habían presentado habían sido comunes e insoportablemente altaneras. Pero Latifa no era esa clase de persona. Se interesaba por los demás. Carecía de la arrogancia de algunas de las otras princesas saudíes.

Latifa era alta y poseía una elegancia lánguida; era una de las más bellas mujeres a las que hubiese conocido. Era muy distinta de mí, era muy callada. Yo solía bromear: «Latifa, las paredes se cansan de oír sólo mi voz». Era tan reservada que jamás hablamos sobre la familia real —que era su familia— o sobre acontecimientos políticos.

Pero a Latifa le gustaba tener a alguien de fuera con ella, alguien que no formara parte de la cambiante masa de cortesanos mezclada en las intrigas de la familia real. A mí ella me gustaba porque veía en Latifa a una verdadera princesa árabe. No sólo por su sorprendente belleza, sino porque algo, en su interior, era profundamente noble.

Turki, el marido de Latifa, también era miembro de la familia real al-Saud, pero era tímido y bastante formal. Al principio, incluso después de que se hiciera amigo de Yeslam, le costaba estar solo conmigo en un mismo cuarto. La primera vez que Turki vino a nuestra casa y descubrió que Yeslam todavía no había vuelto, prácticamente tuve que forzarlo a que entrase. Turki se sentó tenso en el sofá de la sala de estar, sin atreverse a mirarme a la cara. Una cosa era verme sin velo en Ginebra; otra muy distinta, estar solo conmigo en una habitación en Jeddah.

A Turki le encantaba estar en Occidente; le encantaba la distensión de las restricciones y la libertad de ser él mismo, así como socializar naturalmente tanto con hombres como con mujeres. Pero en Arabia Saudí volvía al hábito. Ahora que hacía tiempo que vivía allí, podía ver que, también para Turki, era difícil resolver las contradicciones de vivir en dos mundos.

El príncipe Turki fue uno de los pocos saudíes que me cayó bien. Más adelante, cuando dejé Arabia Saudí para siempre, me dio su apoyo. Siempre le estaré agradecida por eso. También Latifa ha sido leal; es la única mujer saudí que ha seguido a mi lado hasta el día de hoy.

Latifa y Turki vivían en el complejo del padre de Turki, en una de las varias mansiones que le había construido a sus hijos. No eran palacios: tanto Latifa como Turki eran miembros de la familia real, pero no pertenecían a una rama importante de la familia al-Saud que alguna vez pudiese heredar el trono; probablemente, Yeslam tenía más dinero que ellos.

El padre de Latifa, el príncipe Mansur, era un respetado pariente mayor del rey Jaled. Cuando viajaba, el príncipe Mansur pedía el uso del propio avión del rey, uno de los muchos que tenía a bordo un quirófano equipado e innumerables sirvientes. No era fácil decirle no al príncipe Mansur.

Era un hombre estricto y estaba acostumbrado a exigirle a su hija una obediencia completa. Cuando Latifa tenía ocho años, su padre se divorció de su madre, que fue desterrada. Latifa no la volvió a ver hasta que, después de casarse, Turki le permitió volver a contactar con ella.

Incluso de adulta, Latifa obedecía las directivas de su padre incondicionalmente. Una vez, el príncipe Mansur pensó que Latifa ya había estado demasiado tiempo en Europa. En esa ocasión, él estaba visitando una de sus propiedades en España —no era que quisiera verla—, pero el príncipe Mansur le exigió que volviera a Jeddah de inmediato. Aun cuando su marido estaba en Europa con ella, Latifa regresaba a Jeddah por exigencia de su padre. Latifa era amable y muy lúcida, pero llevaba la obediencia grabada en cada célula de su cuerpo.

Latifa era una persona maravillosa, pero también era una mujer saudí. Y ése es el tipo de respeto que un buen saudí le debe al patriarca de la familia. Nadie contradice al patriarca. Ni siquiera un hijo adulto, con familia propia, se atrevería a desobedecer; mucho menos, una hija.

Si hubiese vivido en Europa, Latifa podría haber hecho uso de su inteligencia; podría haber sido fuerte y libre. Podría haber desarrollado su personalidad mucho más. Pero, criada en Arabia Saudí, su carácter se debilitó, sofocado por la sumisión. Era muy fatalista. Si algo salía mal, decía: «No vale la pena pensar en la cuestión, está hecho». A Latifa no le quedaba rebeldía. Había aprendido a no hacer preguntas. Creo que su espíritu había sido quebrado.

Latifa había conocido a la princesa Mish'al, la muchacha que, por haberse enamorado, había sido asesinada por su abuelo. Ése era uno de los temas en los que nunca quería pensar.

Como cada uno de los mil —o tal vez diez mil— príncipes y princesas saudíes, Latifa y Turki llevaban un modo de vida casi completamente por encima del estipendio que recibían del Tesoro cada año. Hasta los niños recibían esos ingresos: se calculaban por edad, rango y poder, y sexo. Las mujeres recibían la mitad de la parte de los varones. Además, todos los servicios públicos eran gratuitos para los príncipes y muchos (aunque no Latifa ni Turki) negociaban su influencia con cada capa del gobierno saudí, para recibir grandes porcentajes de las «comisiones» que se le restaban a todos los grandes contratos de negocios.

Así es el sistema saudí: una acumulación cada vez mayor de gente que integra la familia real, que trata la fortuna petrolera del país como si fuese su tesoro personal. Abdel Aziz ibn Saud, el primer rey, que del desierto creó Arabia Saudí, tuvo, al menos, diecisiete esposas. Cuando murió en 1953, dejó cuarenta y cuatro hijos. (No creo que nadie sepa cuántas hijas tuvo. Incluso el número de esposas es materia de especulación.) Antes de morir, Abdel Aziz dispuso la sucesión. Saud, el hijo mayor, reemplazaría a su padre como rey y sería secundado por Faisal, quien seguía en edad a su hermano. Como en todas las grandes familias saudíes, los hermanos mayores asumían el control sobre el clan.

Pero el rey Saud fue un desastre. Donde Abdel Aziz había sido austero y astuto, Saud fue derrochador, complaciente con sus propios excesos y mezquino. Hacia 1958, el descontento contra el gobierno de Saud llevó a un grupo de importantes príncipes y líderes religiosos a tomar cartas en el asunto. El príncipe Faisal gobernó el país en nombre de Saud durante dos años, pero Faisal intentó limitar el escandaloso despilfarro de la familia real y Saud volvió al poder en 1960. Al cabo de unos pocos años más de gobierno de Saud, el país se acercó al abismo del desastre financiero. En 1964, los líderes religiosos lanzaron una resolución por la que Saud resultaba inapropiado para gobernar el país. Se nombró rey a Faisal; Saud se marchó al exilio y vivió en Europa hasta su muerte, que tuvo lugar en 1969.

El rey Faisal fue un hombre moderado y digno, y generalmente se considera que su gobierno mejoró inmensamente el país. Pero en marzo de 1975 —mientras yo estaba en cama, en California, embarazada de mi primera hija—, el rey Faisal fue asesinado por uno de sus sobrinos, un extremista islámico.

Abdel Aziz había dispuesto un modelo de sucesión: el poder iba de su hijo mayor al hijo que seguía a éste en edad. Por lo tanto, el paso lógico habría sido instalar al hijo siguiente de Abdel Aziz —el tercero en la línea sucesoria— en el trono. Ése habría sido el príncipe Mohamed, un hombre violento y ferozmente conservador, quien más tarde adquiría infausta memoria por haber sido el hombre que ordenó el asesinato de la princesa Mish'al, su nieta.

Se decía que la familia real temía que, si el príncipe Mohamed asumía el trono, estallara una rebelión o una guerra. Por la razón que fuera, se persuadió al príncipe Mohamed para que se mantuviera al margen de la sucesión. Jaled, el cuarto hijo de Abdel Aziz, se convirtió en rey a la muerte de Faisal.

El rey Jaled fue bastante afable y paternal. Cuando murió de un paro cardíaco, en 1982, fue sucedido por el príncipe Fahd, su hermano. Fahd no era el que seguía en la línea sucesoria, pero parece que la familia real llegó a la conclusión de que sería el candidato más apropiado.

Muy debilitado por múltiples problemas de salud, el rey Fahd sigue en el trono hasta el día de hoy. Probablemente Fahd sea sucedido por su hermano Abdallah, quien ahora tiene más de setenta años. Pero nada es definitivo: la sucesión no es una ley claramente enunciada, sino el resultado de consultas e intrigas en concilios secretos de la familia real y de los líderes religiosos. Se decía que el rey Fahd (o su clan) se oponía a Abdallah, que es profundamente conservador, y que ha criticado la moral disoluta y el alto nivel de vida de su familia. Se decía que las luchas internas eran intensas. Se trata de una extraña clase de no-sistema, y la incertidumbre de la sucesión mantiene rumoreando sobre las luchas por el poder a una enorme masa de cortesanos.

Naturalmente, entre esos cortesanos, el clan Bin Ladin es prominente hoy en día. Salem ya murió —falleció en un accidente de aviación en Texas, en 1988— y su poder sobre la familia ha pasado a su hermano Bakr. Éste se ha aliado con Abdel Aziz, el hijo favorito del rey Fahd. En la corte, es un privilegiado entre los privilegiados. Y la actitud intrigante, pomposa y altanera de Bakr siempre ha irritado a Yeslam.

En algún momento de 1994, exactamente antes de que comenzaran los trámites de nuestro divorcio, Yeslam me confió que el rey Fahd estaba decayendo progresivamente. Me dijo que el príncipe Abdallah probablemente asumiría el poder. Agregó que el príncipe Abdallah era el padrino y protector de Osama, quien había sido forzado a abandonar Arabia Saudí después de haber condenado públicamente la vida disoluta de los príncipes saudíes.

Según me contó Yeslam, Osama se había marchado al exilio en Sudán. Tenía un grupo de seguidores armados y tanques que protegían el lugar donde vivía. Pronto, me dejó ver Yeslam, cuando Abdallah asumiera el trono, sería la estrella de Osama la que se elevaría por encima de la familia Bin Ladin. Entonces Bakr vería lo que pasaría.

Eso fue antes de que el nombre de Osama fuese vinculado a una serie de ataques terroristas en Arabia Saudí y en Occidente. Nada sé de la relación existente entre Abdallah y Osama Bin Ladin hoy en día. Pero eso es lo que Yeslam me dijo.

A la fecha, el rey de Arabia Saudí siempre ha sido alguno de los avejentados hijos de Abdel Aziz, fundador del país. Ninguno de sus nietos ha asumido hasta ahora el trono, lo cual puede ser una de las razones por las que Arabia Saudí nunca cambia. La familia sigue creciendo: Latifa me contó que cada mes nacía al menos un niño al-Saud; ahora, bisnietos y tataranietos. En la época en que vivía en Arabia Saudí, en la familia real había muchos más de 4.000 príncipes. Hay quien dice que hoy los al-Saud superan los 25.000.

Cuando Abdel Aziz ibn Saud se coronó rey en 1932, Arabia Saudí era desesperadamente pobre. Su primer palacio fue hecho con los mismos ladrillos de barro secados al sol que usaban los campesinos. En aquellos días, los jeques y los pastores beduinos se llamaban unos a otros por sus primeros nombres. Pero entonces, en la década de 1930, se descubrió petróleo.

Supongo que, dado que se trataba del país de Abdel Aziz —el lugar había sido bautizado con su apellido—, se consideró natural que la riqueza del petróleo fuese principalmente a sus hijos. Para la época en que viví allí, cada miembro de la colosal familia al-Saud recibía suficiente dinero como para vivir muy bien.

Pero además, muchos de los príncipes —aquellos que estuvieran más cerca de la corona o, sencillamente, los más corruptos— se llevaban enormes porcentajes de los grandes contratos de negocios de todo, desde la limpieza de las carreteras a la renovación del aeropuerto o la compra de armas modernas. Vivían en una extravagancia increíble. El petróleo era su cosecha personal.

La práctica principesca de quedarse con porcentajes —que, para llamar las cosas por su nombre, es corrupción— no era considerada inmoral por ningún saudí que haya conocido. Sin embargo, al mismo tiempo, era *haram* recibir intereses de una cuenta de ahorro porque el Corán prohíbe la práctica de la usura. Me costaba entender contradicciones como ésas. A veces, de hecho, me parecían cómicas. Una vez, Tareg, el hermano de Yeslam, le debía a un banco una suma considerable de dinero. Se negaba a pagar intereses, sosteniendo que no sería islámico hacerlo y, por lo que sé, nadie pudo jamás obligarlo a hacerlo.

Turki y Latifa no estaban en las altas esferas del poder, y su estipendio ni siquiera se acercaba a los millones de dólares de ingresos anuales reservados a los hermanos e hijos del rey. Para suplir esos ingresos, Turki se metió en el negocio del diseño de interiores. En aquellos días, los decoradores iban a Jeddah por docenas. Todos los príncipes estaban remodelando sus casas, en una especie de frenesí: sabían que debían hacerlo, porque todos los demás lo hacían, pero no sabían bien cómo hacerlo.

Había una feroz competencia por esas casas: las enormes y lujosas mansiones, las más sofisticadas que el dinero podía comprar, iban a ser superadas seis meses después por versiones todavía más grandes y magníficas. En esas casas, había mármol por todas partes y salas de estar más grandes que el vestíbulo de un hotel, con arañas chillonas: era como caminar por un negocio de muebles inarmónicos, descomunales y mal combinados.

Latifa y yo nos encontrábamos, charlábamos, nos prestábamos videocassetes. Hacíamos viajes de compras: en una ocasión, le hizo gracia que cuando ella y Yeslam insistieron en que comprara, en París, un hermoso vestido bordado de *haute couture* en Chanel, yo le dijera que no podía soportar gastar sesenta mil dólares en algo que en Arabia Saudí sólo podría ponerme una vez. Latifa y yo lloramos juntas con *La decisión de Sophie*. Hablábamos de nuestros maridos. Y, con frecuencia, mientras se terminaba la tarde, todavía estaba sentada en su sala de estar, cuando sus parientes llegaban para visitarla.

Varias de las princesas saudíes a quienes conocí entonces y más tarde vivían vidas de tal decadencia e inercia que era difícil no sentirse disgustada. Habían sido educadas para obedecer ciegamente y para ser absolutamente tontas. Algunas se habían casado con hombres que tenían varias esposas, y tenían muy poco que hacer con sus maridos. Unas pocas se habían divorciado. De sus hijos se ocupaban batallones de criadas y el personal doméstico, y aunque, en términos de posesiones materiales, a las princesas no les faltaba nada, tampoco tenían nada que hacer.

Al igual que hacían las reinas de Francia en otros tiempos, las princesas vivían en casas separadas al lado de las casas de sus maridos. Las casas de las mujeres eran más pequeñas, con una puerta separada para mujeres; tal vez compartían una cocina o a una serie de empleados del personal de cocina, pero, si no, tenían dos ejércitos separados de sirvientas (sólo sirvientas para las mujeres). Sus chóferes eran hombres, pero si salían, siempre estaban acompañadas; nunca se las dejaba solas con sus chóferes. Los únicos hombres a quienes veían estas mujeres eran sus esposos, y quizás sus padres y hermanos, o hijos.

Las princesas se levantaban a eso de la media tarde, se vestían y hablaban por teléfono, tal vez jugaban con sus hijos. Luego, podían ir de compras. Las compras pueden ser un consuelo para muchas dolencias, y era una actividad importante para las princesas. Para entonces, había negocios muy caros sólo para mujeres, atendidos por libanesas y egipcias, donde se podía ver lo que una estaba eligiendo sin el velo negro sobre los ojos.

En sus propias casas eran libres de usar minifaldas de Yves Saint Laurent, maquillajes escandalosos y escotes muy pronunciados. En sus propias casas eran libres de hacer más o menos lo que quisieran. Pero estaban presas. En el exterior iban completamente envueltas —como yo— en sus *abayas*. Era como llevar la cárcel sobre la espalda.

En esa época, en Arabia Saudí había unos pocos restaurantes. Uno o dos habían abierto sectores «familiares», donde un hombre y su mujer podían sentarse con sus hijos; la mujer trataba de comer, completamente velada, cuidando de no exponer ni un centímetro de piel, al tiempo que se metía los *spaghetti* en la boca. Algunos restaurantes tenían también un sector para mujeres, donde una podía quitarse el velo y donde el camarero llamaba antes de entrar: había que ponerse el velo rápidamente para cada cambio de plato o para cada botella de Perrier fría. De modo que también tenían esa actividad: una versión extraña y triste de un restaurante.

Al anochecer, las princesas se visitaban mutuamente o se preparaban para la cena (una cena sólo de mujeres). Con frecuencia, se podían oír los progresos de la cena en la casa adyacente del marido. Puede que la mujer llamase a su esposo, que estaba a unos pocos metros, para aconsejarle que sirviera tal o cual exquisitez. La conversación trataba sobre todo de ropa o cotilleos. La ignorancia de esas mujeres era abismal: era como si nunca hubiesen ido a la escuela. (Sus hijos también eran ignorantes: ningún maestro podía disciplinar a los jóvenes principitos.) La comida nunca era muy buena, pero era abundante: grandes guisos de alubias y arroz, y cestas adornadas con frutas que no sabían a nada.

Muchas de las princesas vivían a base de píldoras; recetadas, naturalmente. Cada vez que viajaban a Londres, se iban directamente a los médicos elegantes de Harley Street, controlándose en clínicas donde se hacían innumerables análisis. Algunas tenían gimnasios propios y sus propias piscinas cubiertas, pero jamás nadie a quien haya visto nadaba. Esas mujeres nunca veían la luz del día.

Tenían problemas en los huesos por falta de luz solar y ejercicios; problemas cardíacos por comer demasiado; muchísimos problemas psicosomáticos. Creo que una gran proporción de esas mujeres tenía depresiones. Vivían al lado de maridos con quienes no tenían casi nada que hacer —algunos tenían otras esposas— y con la terrible inseguridad de que quizá un día deberían divorciarse. No tenían ninguna responsabilidad ni controlaban nada. Vivían en completa dependencia, en una especie de despertar de un sueño profundo. Aquello no era vida.

Si hubiese tenido otras ideas para el futuro de mis hijas, habría aceptado esa vida. Tal vez, todavía estaría entre ellas.

Algunas de las princesas tenían amoríos con otras. Se enamoraban apasionadamente, se ponían celosas, montaban escenas enormes. Sobre todo me parecía triste. Una cosa es haber nacido lesbiana; otra muy diferente refugiarse allí por estar casada con un hombre que no pasa tiempo con una y con quien no se tiene prácticamente nada que compartir. A menudo me pregunté si la promiscuidad de esas mujeres no tenía sus raíces en la severa segregación sexual que parecía hacer imposible que hombres y mujeres se relacionaran naturalmente.

Todos habíamos oído rumores de una especie de circuito de fiestas lésbicas en Riad, donde las mujeres alternaban y ligaban unas con otras. Supe de una egipcia, casada con un saudí de alto rango, que se enamoró de una princesa. Cuando la princesa la abandonó, se sintió miserable. Se decía incluso que una de mis madres políticas, que vivía en Riad, era lesbiana. Probablemente en Riad corrían los mismos rumores de un circuito en Jeddah. En realidad nunca vi una de esas fiestas, pero una vez me hicieron propuestas indecentes. Me resultó demasiado extraño.

La mayoría de los hombres probablemente no sabía que sus mujeres dormían con otras mujeres. Pero aquellos que se enteraron de eso tal vez no se preocuparon lo suficiente como para querer detenerlas. Para los saudíes, las mujeres no importan. Poseerlas importa —importa de manera crucial—, pero una vez que están encerradas y con críos, lo que ocurre con ellas no cuenta demasiado.

La homosexualidad está prohibida en Arabia Saudí, y se castiga con azotes públicos. Pero muchos hombres tienen relaciones homosexuales, especialmente cuando son jóvenes, antes de casarse. A nadie le impresiona ver a dos hombres de la mano por la calle, aunque la gente se horrorizaría si un marido fuera con su mujer de la mano en público, y la policía religiosa aparecería en un instante con palos. La costumbre de la homosexualidad adolescente no siempre continúa y, en ese aspecto, los príncipes al-Saud son como cualquier otro, o tal vez más. Una oye rumores. Un decorador europeo a quien conocí una vez me contó que él pensaba que en Arabia Saudí había más *gays* que en Europa.

Un saudí, a quien conocíamos bien —y a cuya esposa también conocíamos bien— pasó una vez por nuestra casa de Suiza con un alemán muy *gay*, sentado a su lado en su Porsche azul. No sabía qué habían hecho juntos, si es que algo hicieron. No me hubiera importado. La gente debería hacer lo que desea. Pero sabía que ese mismo hombre se habría sentido horrorizado ante la idea de pasar por nuestra casa con una mujer que no fuera su esposa. La hipocresía de ese modo de vida realmente me mataba.

No conocí a muchos de los príncipes al-Saud. Sé que esas mujeres tenían sus equivalentes masculinos (parásitos principescos, que vivían vidas de despilfarro, de ignorancia y de disipación. En Occidente se oye hablar de ellos bastante a menudo. Oí rumores de aviones cargados de prostitutas de lujo, que venían el fin de semana desde París. No estoy segura de que esos rumores sean ciertos;

seguramente habría habido muchos problemas para obtener visados y autorizaciones en el aeropuerto para una tripulación así, a menos que uno estuviese bien arriba en el escalafón. Si tales fiestas tenían lugar en Jeddah, Yeslam nunca me habló de ellas. Pero, cuando los príncipes eran hospitalizados en Ginebra, en clínicas de desintoxicación, por la heroína, el alcohol o la cocaína, yo oía hablar de esas travesuras.

En verano, cuando la corte al-Saud se dispersaba por Europa, Yeslam a menudo se encontraba en Ginebra con el príncipe Majid y luego con el príncipe Meshal. Cuando los traía a casa, me retiraba al piso superior: nuestros invitados eran de la escuela antigua. Puede que no trabajaran mucho, pero tenían esa aura circunspecta. Su fe era inconmovible y tenían un profundo apego a la cultura beduina.

Una vez, iba caminando por Ginebra, de compras, con un vestido que me llegaba a la rodilla, cuando vi a Yeslam y al príncipe Meshal del otro lado de la calle. Yeslam cruzó para hablar conmigo, pero el príncipe Majid se quedó donde estaba y miró hacia otro lado. Hasta en Suiza no se mira a la mujer de otro saudí.

Cuando estaba en el extranjero, era libre. No tenía nada que hacer con los al-Saud cuando estaba en Europa. Supongo que a Yeslam probablemente le habría gustado que les rindiera pleitesía a las esposas y séquitos de los príncipes, quienes con frecuencia alquilaban pisos enteros en los mejores hoteles de la ciudad. Yo les prestaba la menor atención posible, pero ocasionalmente hasta yo me sentía obligada a visitarlas. Era como transportarme a Jeddah. A veces todo un piso de uno de los hoteles de lujo de Ginebra se acomodaba para ser el cuartel de una mujer saudí. Saliendo del ascensor, una se encontraba con las sirvientas de Jeddah, el incienso acre de Jeddah y los modelos de comportamiento de Jeddah.

Una vez, durante una cena en la embajada saudí en Ginebra, me senté al lado de una de las hijas del príncipe Meshal, una mujer llamativa y autoritaria. Se lanzó a contar una historia sobre el rey Faisal, quien supuestamente le contó que había visto a un hombre hacer que otro levitara. Me volví y le dije (pero no con un tono insultante): «No la creo». Se sintió tan ofendida por ser desafiada que dio vuelta a la silla y no me volvió a dirigir la palabra durante toda la velada. Como tantos saudíes de la familia real, no podía tolerar que la contradijeran, especialmente una extranjera.

No deseaba estar siempre a la entera disposición de esas mujeres, acompañarlas en sus escandalosos viajes de compras, vestidas como criaturas enmascaradas de otro planeta. Fueran donde fuesen, transportaban con ellas el Reino, y yo no quería estar ahí. Suiza era el lugar donde podía ser yo misma. Durante esas benditas semanas, me aferraba a mi propia vida. No quería tener nada que ver con Arabia Saudí.

CAPÍTULO XVIII

Despedida de Arabia Saudí

Los negocios personales de Yeslam estaban floreciendo, así como la Bin Ladin Organization. Todos en Arabia Saudí parecían estar haciendo dinero, con proyectos de edificios a una escala faraónica, brotados de la arena casi diariamente. Durante tres años, Yeslam tuvo la única agencia de corredores de bolsa de Arabia Saudí, y las grandes familias de comerciantes, así como muchos de los hermanos Bin Ladin, le llevaron su dinero para que lo invirtiera. (En esa época, la mayoría de los príncipes saudíes no invertían con Yeslam; no querían que hubiese otro saudí que supiera cuánto tenían realmente.)

Pero Yeslam seguía quejándose de sus dolencias. Se ponía irritable y era egoísta. Mi marido se estaba volviendo más infantil y difícil, se centraba más en sí mismo y sobre sus más o menos imaginarias dolencias. Se negaba a creer a los médicos que sostenían que estaba en perfecto estado de salud y se iba apartando progresivamente de las preocupaciones verdaderas, tales como las necesidades de las niñas.

Al principio, siempre había considerado la nacionalidad saudí de Yeslam como un detalle menor; pero ahora, paulatinamente, se estaba volviendo más profundamente saudí. Nos estaba imponiendo la cultura saudí. Las niñas estaban creciendo, y Yeslam se estaba poniendo más crítico por su comportamiento y parecía querer que se comportaran como saudíes en su manera de vestirse.

Yeslam se enfadaba con las niñas porque usaban ropas ceñidas o pantalones cortos, insistiendo en que se los cambiaran antes de salir, incluso en Ginebra. Siempre me había dejado ser absolutamente responsable de las niñas. Pero ahora sentía que ya no era porque confiara en mi juicio. Parecía que el bienestar de nuestras hijas no le importaba.

A medida que Yeslam se volvía más saudí, Arabia Saudí se ponía más esquizofrénica. Los príncipes más disolutos continuaban con sus vidas privadas dispendiosas, al tiempo que la familia real imponía crecientes restricciones sobre la gente común a la que gobernaba. Las ideas extremistas estaban prendiendo en todas partes.

Algunas de las hermanas Bin Ladin empezaron a quejarse de que sus hijos estaban expuestos a demasiada influencia occidental. Mis cuñadas más intolerantes salieron con una solución: crearían su propia escuela para niñas en Jeddah, con una instrucción islámica mucho más estricta. Me invitaron a que apuntara allí a Wafah y a Najia. Muchas de las otras cuñadas inscribieron a sus hijos.

En otra oportunidad, me habría burlado de la idea o intentado una discusión apasionada con mis cuñadas para explicarles por qué pensaba que estaban equivocadas. Ahora, sencillamente sonreí y murmuré que mis hijas estaban contentas donde estaban. Ya no podía soportar exponerme. Sentía que era inútil. Para entonces, mis esperanzas de que se produjera un verdadero cambio se habían hecho por completo añicos. Nadie —ni siquiera Yeslam— habría entendido lo horrorosa que me parecía la idea de enviar a mis hijitas a una escuela todavía más restrictiva.

Apenas un puñado de primos asistió al cumpleaños de mis hijas ese año. Supongo que mis cuñadas ya no podían tolerar la música y el baile. Desde su punto de vista, como mis niñas se acercaban a la pubertad, debían comportarse más como futuras mujeres saudíes que como estúpidas niñas occidentales.

Yeslam y yo habíamos caído en la rutina de pasar todas las vacaciones de las niñas en nuestra casa de Suiza, que, desde 1985, se transformó en nuestro verdadero hogar. Ese verano las luchas por el poder se intensificaron y Yeslam se quejaba interminablemente de dolencias; como de costumbre, tenía problemas en los pulmones, su corazón no era fuerte y le dolía el estómago. Cuando se aproximaba septiembre y ya había que regresar a Jeddah para comenzar con el ciclo lectivo, descubrí que Yeslam aún no había hecho ninguna reserva de billetes. Dijo que se sentía demasiado mal.

Pasaron los días. Estaba muy aliviada de conseguir unos días de más de la libertad del verano, fuera del sombrío e inhóspito año escolar de Jeddah, pero a finales de septiembre las niñas se impacientaron. Le dije a Yeslam que tenían que asistir a la escuela en algún lado. Si no hacía reservas de avión para mediados de octubre, tendría que apuntar a las niñas en una escuela de Ginebra.

Contuve el aliento. Para el 15 de octubre, Yeslam todavía no había hecho nada. En silencio, conduje hasta una escuela internacional en las afueras de Ginebra. Era como un sueño: laboratorios de informática, laboratorios de lengua, instalaciones deportivas, clases de arte. La escuela era mixta. La mayoría de los niños provenía de familias que trabajaban en las Naciones Unidas y eran brillantes, alegres y no tenían miedo. Hablé con el director, le expliqué la situación e inscribí a Wafah y a Najia para el semestre. Luego, volví a casa y le dije a Yeslam que había hecho arreglos temporales para que las niñas fueran a la escuela.

En su primer día, llevaban vaqueros, como todos los demás. Volvieron a casa repletas de noticias. ¡En el aula había chicos, no había clases de religión, ya no había que pasar horas aprendiendo el Corán de memoria, se debatía! ¡Las niñas hacían deporte: podían jugar al tenis y al fútbol! ¡Podrían ir a clases de música y formar parte del club de teatro! Para su edad, estaban atrasadas —en francés, en gramática, claro, pero también en matemáticas y geografía—, pero estaban encantadas. Y yo también.

Intenté ser precavida para no sentirme demasiado contenta: era demasiado bueno como para durar. Todo cambiaría cuando Yeslam decidiera llevarnos de vuelta a Jeddah; después de haber vivido con tanta libertad, volver a casa sería todavía más difícil para las niñas. Sin embargo, por dentro, estaba alborozada.

En noviembre Mijail Gorvachov y Ronald Reagan tuvieron una histórica reunión cumbre en Suiza. Nuestro pueblo, situado justo en las afueras de Ginebra, estaba invadido por camiones militares, múltiples puestos de control en la ruta; la atmósfera amenazante le provocó pánico a Yeslam. Dijo que debíamos irnos, que era demasiado peligroso que nos quedáramos. Yo sabía muy bien que, en ese momento, nuestro pueblecito probablemente era el lugar más seguro del planeta, puesto que el presidente de los Estados Unidos estaba allí, pero no había razonamiento que valiera para la alarma de Yeslam. Quiso que todos nos fuésemos a Londres durante el tiempo de la reunión cumbre.

Las niñas acababan de empezar la escuela; pensé que no era justo sacarlas tan rápido. Y no quería establecer un precedente; anhelaba también que pasaran un semestre entero y feliz en Suiza. De modo que, para calmar a Yeslam, quien se negaba a tomar el avión solo, acordé partir a Londres con él y arreglé que hubiese alguien que se hiciera cargo y supervisara a las niñas por unos pocos días, junto con mi querida Dita, nuestra fiel niñera filipina.

Fue sólo entonces, estando sentada en el avión, cuando me di cuenta de que Yeslam, que estaba convencido de que nuestra casa estaba en peligro, había sin embargo dejado a las niñas allí. Yo sabía que la casa era segura. Pero Yeslam creía que no y, sin embargo, había dejado a las niñas allí. De acuerdo con su lógica, las había abandonado. Cuando se sentó a mi lado, me volví y examiné a Yeslam. Pensé: ¿sería él el primero en irse el día en que realmente estuviésemos en peligro? ¿Acaso ya no se preocupa por nadie más que por él?

Yeslam, al menos profesionalmente, todavía podía cumplir sus funciones. Ya tenía una compañía con una oficina en Ginebra. Ahora empezaba a reunirse con los príncipes saudíes, a medida que éstos llegaban de vacaciones a Ginebra, cultivando su amistad y haciéndolos sus clientes, convirtiéndose en una suerte de mano derecha. Yeslam conocía gente en la embajada saudí y en Saudia, la aerolínea nacional, y lo mantenían informado sobre quién tenía previsto llegar a la ciudad. Yeslam iba al aeropuerto a saludar a los príncipes y pasaba tardes y noches con ellos. Entre éstos estaba Meshal, uno de los príncipes saudíes más importantes, hermano del rey Jaled y de su sucesor, el rey Fahd.

Yeslam siempre fue un fanático de la ropa; debía de tener unos trescientos trajes. Ahora estaba más que motivado. Desarrolló una especie de competencia con el príncipe Meshal sobre quién iba a estar más elegante. Yeslam siempre decía que el rey Fahd pagaría cualquier gasto que el príncipe Meshal tuviera, porque Fahd, a pesar de su rango, quería mantener a Meshal fuera de la sucesión. Por edad, Meshal debía ser el sucesor del sultán; pero, según me contó Yeslam, Fahd tenía otros planes para Arabia Saudí. Éste fue el precio que el rey Fahd estuvo dispuesto a pagar: le compró a Meshal su derecho al trono.

Estaba muy contenta por los progresos de las niñas en la escuela. Estaban muy felices y, para cuando terminó el primer semestre, sus maestros nos informaron de que se estaban poniendo rápidamente al día con el programa. Pero yo me sentía miserable y completamente vencida por el comportamiento errático de Yeslam.

Poco a poco, empecé a sentirme sola estando con mi marido. Aun cuando estuviera físicamente presente, Yeslam no parecía estar emocionalmente comprometido. Los placeres sencillos —observar cómo jugaban las niñas, o nadar con ellas, o leer— ya no le interesaban. Conmigo, Yeslam se quejaba constantemente de sentirse mal y no hablaba de casi ninguna otra cosa que de sus dolencias y problemas familiares. Sólo en compañía de los príncipes saudíes parecía sentirse bien y despierto.

Me sentía sencillamente exhausta de cargar con toda la familia sin ayuda. Quería sacudirlo de ese miedo que sentía, concentrado en sí mismo y en sus dolencias. Yeslam me preocupaba; sentía que necesitaba ayuda profesional y, sin embargo, no parecía poder ayudarlo. Es difícil ver a alguien quejarse de síntomas que parecen ser imaginarios. Con frecuencia, nos vestíamos para una salida y comenzaba a conducir en dirección a la ciudad, sólo para detenerse y darse la vuelta: Yeslam no podía soportarlo.

Paradójicamente, ahora que estábamos en Europa, Yeslam se estaba volviendo más saudí. No sé si se sentiría culpable de que nos hubiésemos instalado en el extranjero. En Arabia Saudí, habíamos pasado por alto las férreas tradiciones de los saudíes, socializando con occidentales. En cambio ahora que vivíamos en el mundo moderno, Yeslam buscaba la compañía de otros saudíes, esperando con expectación la llegada de los príncipes. Parecía necesitar sus raíces, y conmigo y nuestras hijas se volvió mucho más tiránico.

Impuso restricciones a nuestro modo de vestir y a nuestro estilo de vida. Ahora vivía en el mundo libre, pero me parecía que tenía que estar siempre a disposición de Yeslam. Nunca salía sin él y me acompañaba incluso a los almuerzos con mis amigas. En una sociedad cerrada me había dado pequeñas libertades, pero en una sociedad abierta me tenía controlada.

No sé si era por influencia de los saudíes con quienes alternaba, pero Yeslam comenzó a salir con otras mujeres. Un día de primavera sonó el teléfono. Un hombre me dijo: «Dígale a su marido que deje de andar detrás de mi esposa». Era el marido de la secretaria de Yeslam. Me sentí desolada. Creía que Yeslam había salido la noche anterior con los príncipes. No tenía muchos amigos varones, de modo que cuando salía sin mí pensaba que era por negocios. Me di cuenta de que me había estado mintiendo. Estaba conmocionada.

Yeslam me llamó histérica. Al principio contestó con evasivas e insistió en que no había hecho nada. Cuando lo amenacé con dejarlo, le entró pánico. Con el tiempo, nos reconciliamos, pero había algo que andaba realmente mal en nuestro matrimonio.

Nuevamente quedé embarazada. Supe que tendría a esa criatura, costara lo que costase: había sido enviada por Dios. Cuando Yeslam se atrevió a pedirme que abortara otra vez, me sentí asqueada. ¿Cómo podía pedirme que repitiese ese proceso horrible y que sufriera sus largas y tristes secuelas? Jamás, le dije. Pase lo que pase. Nunca más.

Mirando hacia atrás, supongo que fue entonces cuando Yeslam sintió que lo abandonaba. Seguí adelante con mi bebé, aunque él me había pedido que no lo hiciera. Fue el fin de nuestro matrimonio: mi negación, su cólera.

Pero tal vez, el proceso largo y triste que me había llevado al final de mi matrimonio había comenzado mucho antes, en Arabia Saudí, cuando la personalidad audaz y occidental de Yeslam había comenzado a resquebrajarse y deshilacharse. Tal vez lo que deshizo a mi esposo fue la tensión constante entre los hermanos, y su lucha solapada por el dinero, el poder y el prestigio. Después de la revuelta de La Meca, nada en Arabia Saudí volvió a ser igual. Fue entonces, creo, cuando las tensiones entre el extremismo fundamentalista y las ideas de riqueza material generadas en Occidente se hicieron insoportables; entonces, Arabia Saudí en cierto sentido comenzó a darse cuenta de que su cultura estaba sufriendo las contradicciones de estar inmersa en una economía moderna pero manteniendo un código social antiguo, un contrasentido que los saudíes eran incapaces de enfrentar (o no estaban dispuestos a hacerlo). Tal vez ésa era la tensión que también carcomía a Yeslam.

O quizás cuando Yeslam y yo abandonamos Arabia Saudí, él se hizo, paradójicamente, más saudí. Al vivir en un país extranjero con su familia, sus raíces lo atrajeron.

Sea por la causa que haya sido —y el momento en que, finalmente, el viento cambió de curso—, Yeslam había cambiado. A lo largo de todo mi embarazo, Yeslam apenas me habló. Era frío, silencioso, intimidante. Volvía tarde, a las tres o cuatro de la mañana. Mi marido, para entonces, se había vuelto un extraño.

Cuando nació la bebé, la llamé Noor, que significa Luz. Y, verdaderamente, fue mi luz, después, cuando el mundo a mi alrededor por momentos parecía oscuro. Apenas con unas horas, Noor ya era adorable, con sus enormes ojos abiertos; nunca fruncía el ceño ni se ponía roja como la mayoría de los bebés, sino que, desde el principio, era calmada y perspicaz.

Yeslam hizo esfuerzos para ser atento después del nacimiento de Noor; era cariñoso con la recién nacida e incluso conmigo. Insistió en que regresara de la clínica a casa de inmediato, y eso hice. Tuve que dejar a Noor allí, porque presentaba un leve caso de ictericia. Yeslam me acompañaba a la clínica, al menos una vez al día, para que yo la alimentase.

Parte de mí trataba de persuadirme de que Yeslam estaba feliz. Pero más probablemente él ya sabía para entonces que pronto todo se terminaría; probablemente estaba feliz porque tenía a alguna otra persona. Comprendí que algo entre nosotros se había roto, pero no sabía qué hacer para componerlo. Pasaba horas en el teléfono con Mary Martha, buscando consuelo.

Noor nació en abril de 1987. En septiembre, vi a Yeslam con otra mujer. La noche que los vi, fue una en que no podía dormir, y, como solía hacer, tomé el coche y conduje por la ciudad. (Por alguna razón, los automóviles siempre me tranquilizaron.) Mientras pasaba delante de las oficinas de Yeslam en el centro de la ciudad, vi su coche. De modo que aparqué y esperé. Alrededor de la una de la mañana, salió Yeslam con una mujer.

Le hice frente. Yeslam negó conocer a esa mujer, pero obviamente mentía. Supe que tenía que dejarlo de inmediato, pero no podía soportar herir a las niñas. Y por encima de todo, temí que intentara arrebatármelas y llevárselas de vuelta a Arabia Saudí. Cansada por el reciente nacimiento de Noor y por la soledad de mi embarazo, estaba exhausta y deprimida; no podía enfrentar la batalla que, sabía, me esperaría.

Después, una tarde, Yeslam me trajo para firmar un acuerdo legal. Era una especie de acuerdo pre-nupcial, salvo que era post-nupcial. Yeslam me dijo que era por la seguridad de las niñas. Cuando dudé, cuando le dije que no veía en qué protegería a las niñas ese papel, perdió el control.

—Mira, yo no quería a Noor y tú seguiste adelante de todos modos —me dijo—. Si no quieres problemas, si quieres que la acepte, tendrás que firmar.

Estaba destrozada, física y mentalmente. Yeslam me amenazaba. Dijo una y otra vez que se llevaría a las niñas a Jeddah y que las dejaría con su madre. Me presionaba constantemente. Yo sabía que, bajo la ley suiza, a Yeslam no le permitirían llevarse a las niñas de vacaciones solo. Y sabía que, si mis hijas ponían un pie en Arabia Saudí, nunca volvería a verlas. Ningún gobierno de la tierra lograría sacarlas de ahí.

Me sentí atrapada por mi propio marido. Lo único que me importaba era que no tocara a mis hijas. Desesperada y en un estado de pánico, me rendí y firmé ese papel, por miedo y por tranquilidad. Más que nada, necesitaba terminar con el acoso de Yeslam.

Sin embargo, después de haber firmado el documento, las cosas sólo empeoraron. Yeslam no cambió, como esperé que hiciera. Se distanciaba progresivamente; rara vez estaba en casa. Mi propia salud empeoró. Comencé a perder peso; no podía comer. Apenas podía cuidar a mis hijas. En octubre me internaron en el hospital por unos días, alimentándome por vía intravenosa. Pesaba menos de cuarenta kilos.

Esa Navidad, luchando por mantener una apariencia de vida familiar normal ante las niñas, me llevé a Noor y a las otras a las montañas. Se suponía que Yeslam se encontraría con nosotras allí, pero llamó y dijo que el príncipe Meshal estaba en la ciudad. Parte de mí quería creerle, pero sabía que estaba mintiendo.

En Nochevieja, Yeslam salió, pero volvió temprano. Se quedó dormido; habíamos empezado a dormir en cuartos separados. El teléfono no paraba de sonar, pero cada vez que atendía, cortaban. Lo desperté, le dije que creía que alguien estaba intentando llamarle. A la mañana siguiente salió temprano y volvió diciendo que, probablemente, había sido alguna broma estúpida de borrachera de Año Nuevo.

Era vulnerable, pero no era imbécil. Podría haber reaccionado de otro modo, si Yeslam hubiese sido honesto conmigo, pero no podía aceptar mentiras tan descaradas. Tuvimos una pelea. Yeslam se puso lívido. Le pedí que se fuera. Salió golpeando la puerta.

De modo que, el día de Año Nuevo de 1988 cambió mi vida.

Lo que siguió fue amargo y agotador, y veo poco beneficio en pensar en ello. Las niñas y yo nos quedamos en Suiza. La familia Bin Ladin las marginó por completo. En una ocasión, fui a visitar a Ibrahim, el hermano de Yeslam, que había sido mi amigo y le pedí que intercediera ante él. Pero Ibrahim me dijo:

—No importa cuánta razón tengas, Carmen. Mi hermano nunca se equivoca.

En otra ocasión, Najia vio a Om Yeslam —su abuela— y a Fawzia —su tía— en una calle de Ginebra. Esas mujeres volvieron la cara ante mi hijita, que había crecido en su compañía. Ninguno de los Bin Ladin —ni siquiera los que parecían disfrutar de mi compañía— tuvo jamás la disposición de hacerle frente a Yeslam y contactar conmigo, o con las niñas que habían crecido a su lado.

Nuestro divorcio ha sido atroz. Yeslam ha volcado todo su poder y dinero en un colosal esfuerzo para mantenerme bajo su control y perfeccionar su venganza. A pesar de que había prometido no hacerlo, exigió el derecho de llevar a Noor a Arabia Saudí (no a Wafah y a Najia porque, supongo, pensó que las niñas mayores podrían negarse). Luchó cada detalle con uñas y dientes. Hizo lo posible para que el proceso legal durara el mayor tiempo posible, de manera que pudiera esconder sus bienes y privar a sus hijas y a mí de su sostén económico.

Tal vez, el peor momento de nuestra larga historia juntos vino después de que me otorgasen la custodia de las niñas. Fue cuando Yeslam declaró que no era padre de Noor. Fue indeciblemente bajo de su parte y extremadamente humillante, para mí pero sobre todo para la pequeña. Es difícil pensar cómo alguien puede hacer semejante cosa; su declaración, por cierto, fue falsa, según se probó.

Tuve que pedir que todos nosotros pasáramos por exámenes de ADN para confirmar que Yeslam estaba mintiendo y que Noor es en realidad hija de su padre. Tenía apenas nueve años. Todos tuvimos que pasar los exámenes; Yeslam entró en la clínica, mientras Noor y yo estábamos en la oficina del médico. Wafah saltó sobre él y le preguntó cómo podía hacer algo así. Él se limitó a ignorarla. Pasó de largo sin hablar a sus hijas.

Desde entonces, Yeslam nunca volvió a hablarnos ni a sus hijas ni a mí.

La batalla continúa hasta hoy. Estamos legalmente separados; Wafah y Najia son legalmente adultas y Noor está a salvo, bajo mi custodia. Pero Yeslam todavía se resiste a un acuerdo económico, pelea cada procedimiento legal hasta lograr que cada una de mis minúsculas victorias sepan amargas. A veces me siento como David ante el Goliath de Yeslam.

Si hubiéramos estado en Arabia Saudí, el divorcio habría sido muy simple para Yeslam. Se habría acabado en menos de medio día y, probablemente, yo habría perdido a mis hijas para siempre. Pero estábamos en Suiza. Y un hombre creyó en la amenaza que se cernía sobre mis hijas: mi abogado suizo, Frédéric Marti.

Ahora, Yeslam vive en Ginebra, como yo. Cuando ve a sus hijas, no las mira. Se niega a cualquier contacto con ellas del tipo que sea, e incluso intentó impedirles que fueran a la universidad, porque, según expresa, no ve para qué.

A fines de la década de 1990, Yeslam pidió la nacionalidad suiza, lo cual provocó una gran controversia en el país. Pero a principios de 2001 —por alguna razón— obtener un pasaporte suizo pareció de pronto algo muy importante y urgente para él. De manera que Yeslam montó una elaborada campaña en los medios, sosteniendo que necesitaba estar seguro de que podría vivir en Suiza para mantener un contacto próximo con sus hijas (cuando, en realidad, había cortado completamente todo contacto con ellas durante muchos años). No puedo evitar pensar que usó a nuestras hijas para otros intereses. No obstante, en mayo de 2001, Yeslam fue premiado con su pasaporte suizo.

Pero sea cual sea su nacionalidad, ahora es un saudí verdadero.

Ha dejado de acosarnos con procedimientos legales. En dos ocasiones recibí alarmantes cartas oficiales de Arabia Saudí, exigiéndome que me presentara ante una corte en Jeddah. Cuando mi abogado pidió una explicación, Yeslam dijo que era por su divorcio saudí. Pero sabía que mentía; un divorcio saudí no requiere la presencia de la esposa. Deduzco que Yeslam me acusó de adulterio.

En Arabia Saudí, la sentencia por eso es la muerte.

Si me acusó de adulterio —como creo que hizo—, entonces Yeslam no sólo me aisló de Arabia Saudí, sino de todo Oriente Próximo. Tengo miedo de poner un pie en cualquier país musulmán que tenga estrechos vínculos legales con Arabia Saudí, porque podría ser extraditada; y estaría a merced de un sistema legal que se dispondría a condenar a muerte a una mujer inocente. Temo por mi vida.

He llegado a creer que vérmelas con un divorcio tan increíblemente prolongado es el precio que tendré que pagar por la libertad de mis hijas. A pesar de que ha sido una larga y amarga lucha, no es un precio tan alto que pagar por saber que mis tres hijas ahora pueden vivir como deseen.

Que Yeslam las rechazara hirió a nuestras hijas enormemente cuando crecían. Todavía pagan un gran precio emocional. El rechazo —especialmente el rechazo de un padre— es algo muy difícil de soportar para una niña pequeña. La admiración y el amor de un padre son muy importantes; sé un poco de qué se trata. De niña, cuando mi padre nos dejó, sentí ese dolor espantoso y me culpé a mí misma. Como mis hijas, yo también sufrí; también yo me sentí dolorosamente culpable. Es algo terrible ver que eso les pasa a mis hijas.

Me pregunto ahora si Yeslam cortó la relación con sus hijas porque los valores saudíes les eran ajenos. Son inteligentes, educadas, hermosas, vivaces y graciosas; son mujeres libres. Pero quizás él realmente sólo las ve como peones, instrumentos que puede usar en mi contra. O tal vez, como enemigas. A lo mejor, para él, no sean merecedoras de su atención porque son mujeres occidentales, obstinadas e independientes. ¿O es porque son mías, y ahora nosotros tenemos que ser enemigos?

Mi lucha para quedarme a mis hijas me ha hecho más fuerte. Pero me parece que Yeslam ha cambiado mucho más que yo. O tal vez mi marido siempre fue un saudí: cruel, egocéntrico, arrogante, despectivo; su orígenes sencillamente lo atraparon a medida que envejeció. Fui ciega a la realidad, soñadora y tonta, imaginándome una historia de amor donde sólo había una pelea por el poder y la dominación. Cuando desobedecí, mi sueño se hizo polvo y mi príncipe azul se volvió en mi contra: todo fue un cuento de hadas saudí, y mis hijas siempre tendrán que cargar con el peso de mi castigo.

Wafah y Najia ahora son adultas. Noor pronto lo será. Hemos decidido conservar nuestro apellido (el apellido de Yeslam). Sea lo que sea que haya pasado entre nosotros, Yeslam sigue siendo el padre de mis hijas. Y nuestro nombre es Bin Ladin. Alguna vez, fue un apellido como cualquier otro. Hoy se ha convertido en sinónimo de violencia ciega y terror. Por supuesto que podríamos intentar cambiar nuestro apellido. Pero mis hijas y yo no tenemos nada que ocultar, y no queremos engañar a nadie. La verdad siempre nos alcanza algún día, y cambiar nuestro apellido no cambiaría quienes somos.

Si mis hijas regresan un día a Arabia Saudí, será por su libre elección, al igual que, hace mucho, fue la mía. Pero, como madre, espero con cada fibra de mi cuerpo que nunca lo hagan.

CAPÍTULO XIX

Conclusión

Para mucha gente, el 11 de septiembre de 2001 marcó el inicio de una nueva era. Miles de personas inocentes perdieron sus vidas y muchas más fueron irreparablemente afectadas. Fue una brutal llamada de atención. Ese día los ojos de Occidente se abrieron a una vasta y poderosa amenaza latente. El mundo occidental tuvo que hacer uso de su poder para conmover los cimientos del fundamentalismo islámico. Osama Bin Ladin y sus seguidores —que se cuentan por millares— fueron capaces de tomar como rehén nuestra libertad.

El ataque al World Trade Center nos robó a todos una cierta inocencia. Nadie será capaz de coger nuevamente un avión sin una sensación de aprensión. Ya no estamos a salvo. Nadie puede sentirse seguro ahora; por cierto, tampoco mis hijas y yo.

He vivido en el clan Bin Ladin; he analizado el funcionamiento de la sociedad saudí. Y temo por el futuro del mundo libre. Mi temor —e indignación— se basa en mi convicción de que una gran mayoría de saudíes apoya las ideas extremistas de Osama Bin Ladin, y en que los Bin Ladin y la familia real saudí continúan operando de la mano, aun cuando a veces sus relaciones son demasiado intrincadas para que sus convicciones convergentes resulten aparentes.

No puedo creer que los Bin Ladin se hayan distanciado completamente de Osama. Sencillamente no los veo privando a su hermano de su dividendo anual de la compañía paterna y repartiéndoselo entre ellos. Eso sería impensable: entre los Bin Ladin, sin importar lo que un hermano haga, éste sigue siendo un hermano.

También es posible que Osama mantenga vínculos con la familia real.

Los Bin Ladin y los príncipes trabajan juntos, muy estrechamente. Son reservados y están unidos. Han estado intrincadamente vinculados por muchas décadas a través de amistades estrechas y negocios. La mayoría de los hermanos Bin Ladin están asociados y tienen intereses creados con al menos un príncipe saudí (por ejemplo, Bakr Bin Ladin es un socio comercial de Abdel Aziz Ben Fahd, el hijo favorito del rey; Yeslam Bin Ladin tiene vínculos privilegiados con el príncipe Meshal Ben Abdelassiz.

Ambos clanes quieren que creamos que no tienen ningún tipo de conexión con Osama Bin Ladin y los actos bárbaros del 11 de septiembre. Sin embargo, fuera de unas pocas declaraciones públicas condenando la tragedia, ningún de los dos clanes ha hecho nada para demostrar que no le han dado a Osama Bin Ladin y a Al Qaida apoyo moral y económico en el pasado, y que en la actualidad no se lo están dando.

No puedo evitar preguntarme por qué, en un país donde no hay impuestos y donde es común y aceptado practicar transferencias de bienes —sólo nominalmente— en nombre de un hermano o hermana a otro para acomodar las necesidades e intereses del momento, se tomarían medidas tan elaboradas para esconder los propios bienes en una constelación de compañías amparadas por un paraíso fiscal. Desafío abiertamente a la clase gobernante saudí —a los Bin Ladin y a la familia real saudí— a que abran sus registros y le demuestren al mundo dónde están colocados. En el clima político precario de la actualidad, nadie se puede permitir esconderse detrás de la débil excusa de la privacidad. Creo que es el deber de todos y cada uno de nosotros hacer todo lo que esté en nuestro poder para luchar contra el terrorismo.

Esa gente siente desprecio por el mundo exterior. Individualmente, algunos pueden declararse liberales. Pero las creencias y la ideología de su cultura están profundamente arraigadas en ellos desde una edad temprana; no pueden escaparse de ello.

Los saudíes no discuten abiertamente entre sí. A veces, la sed de poder, la codicia y los intereses materiales tal vez separen a los hermanos de una familia como la de los al-Saud o de los Bin Ladin. Pero siempre se vuelven a agrupar por los lazos de sus creencias compartidas y convicciones religiosas, y por su educación.

Osama Bin Ladin y los que son como él no surgieron, completamente formados, de la arena del desierto. Fueron hechos así. Fueron moldeados por los funcionamientos de una sociedad medieval, opaca e intolerante, que se cerró al mundo exterior. Es una sociedad donde la mitad de la población tiene sus derechos básicos amputados, y donde la obediencia a las más estrictas leyes del islam debe ser absoluta.

A pesar de todo el poder que les confieren sus ingresos petroleros, los saudíes están estructurados por una visión de la religión aborrecible y retrógrada, y por una educación que es una escuela de intolerancia. Aprenden a despreciar lo que es extranjero: lo no musulmán no cuenta. Sus madres los consienten hasta la arrogancia. Pero entonces toda urgencia natural que tengan se les niega por restricciones interminables y opresivas. La obediencia al patriarca es absoluta. Y cuando se convierten en padres, sus imposiciones son la ley.

Cuando muera Osama, me temo que habrá mil hombres que tomen su lugar. La tierra de Arabia Saudí es suelo fértil para la intolerancia y la arrogancia, y para el desprecio hacia los extranjeros. Es un país en el cual no hay espacio para la bondad, la misericordia, la compasión o la duda. Cada detalle de la vida se define de manera absoluta. Toda inclinación por el placer natural y la emoción está prohibida. Los saudíes tienen la inamovible convicción de que están en posesión de la verdad. Encabezan a las naciones islámicas. Nacieron en la tierra de La Meca. Su camino ha sido elegido por Dios.

Todavía no he conocido a un solo saudí que admire sinceramente nuestra sociedad occidental. No necesariamente se muestran abiertamente hostiles (aunque a menudo son condescendientes y arrogantes). Están ansiosos de usar nuestra tecnología y comprenden nuestros sistemas políticos. Pero en su interior, no hay otra cosa que desprecio por lo que perciben como los valores individualistas y carentes de Dios, y por las vergonzosas libertades del modo de vida occidental.

Y, sin embargo, en Arabia Saudí hay mucho abuso de drogas y promiscuidad. Hay homosexualidad y sida. Y hay ciertamente mucha más hipocresía que en cualquier lugar de Occidente en el que haya estado. Pero esas cosas no se exhiben abiertamente ni se discuten con franqueza. Para los saudíes, parece, lo que está escondido no existe.

Debe de haber genios perdidos en ese pueblo. Osama, quizás, pudo haber sido uno de ellos. Pero, aunque vivió en el siglo XXI, no empleó su poder para hacer que la gente se acercara, para promover la buena voluntad y la tolerancia. En lugar de ello, eligió la discordia y la destrucción.

Al final, creo que lo que moldeó a Osama es la estricta doctrina wahabi. En mi análisis y experiencia, una vasta mayoría de personas de Arabia Saudí siente exactamente lo que él. A sus ojos, nunca se puede ser demasiado religioso. No tienen espacio para crecer como individuos. Están desesperadamente furiosos contra Occidente por sus incontables e irresistibles tentaciones. Se niegan a evolucionar, a adaptarse. Para ellos es más fácil aplastar esas tentaciones, destruirlas, matarlas, como un adolescente descarriado. Espero estar equivocada, pero, desafortunadamente, creo que los fundamentalistas que terminan recibiendo la riqueza del petróleo de Arabia Saudí están aquí para quedarse. Me temo que si nosotros, en el mundo occidental, no estamos lo suficientemente atentos, su terrorismo no se acabará nunca. Se servirán de nuestra tolerancia para infiltrar nuestra sociedad con su intolerancia.

En esos largos años que pasé en Arabia Saudí, y durante los años de lucha que siguieron, peleé para seguir siendo lo que soy y para darles a mis hijas lo que no tiene precio: libertad de pensamiento. Espero haber hecho la elección correcta. No sé si eso es tan importante para ellas como para mí. Supongo que, cuando era más joven, yo también creí que era menos importante. Pero cuando sentí que me estaban quitando esa libertad —cuando temí que se me escurriese entre los dedos—, descubrí que ésa era la única cosa que no podría tolerar.

He visto a demasiadas mujeres que perdieron incluso el derecho de ver a sus hijos, que fueron forzadas a someterse a las leyes de sus maridos, porque sencillamente no tenían otra alternativa. Y he visto hombres desgarrados entre su ambición y sus deseos, y su entrenamiento para sacrificarse y obedecer las tradiciones de su sociedad.

A veces me pregunto si habría luchado contra el clan Bin Ladin con tanta fiereza, si sólo hubiera tenido hijos varones. Materialmente, en muchos aspectos era una existencia placentera. Pero por mucho que me tienten las cosas materiales, hay algo que me importa mucho más: la libertad.

Soy consciente de que, por atreverme a hablar, el poderoso clan Bin Ladin y la clase dirigente saudí nos declararán una guerra a mis hijas y a mí. Se entablarán demandas, se cuestionará nuestra integridad y se desacreditará nuestra credibilidad. Para ellos, es un crimen que nosotras, como mujeres, aspiremos a la libertad de pensamiento y a la protección de nuestros derechos básicos como seres humanos.

Pero nos defenderemos. Nuestra defensa es la defensa de la verdad. Nuestra serenidad —nuestro bienestar—, nuestra sensación más básica de seguridad, estalló y quedó enterrada el 11 de septiembre de 2001. Ahora, más que nunca, es tiempo de que hablemos y nos levantemos por encima de las mentiras y la duplicidad que hicieron posible la tragedia, para intentar proteger nuestro futuro.

A pesar de todo por lo que hemos pasado y sin importar lo que el futuro guarda para nosotras, quiero que mis hijas sepan que nunca lamentaré haberle dicho que sí a su padre. Siendo muchacha, lo acepté y lo amé con locura. Desafortunadamente, descubrí que como madre y mujer, no podía aceptar las creencias y los valores que constituían una parte importante de él. Quiero que mis hijas sepan que estoy convencida, en lo profundo de mi corazón y conciencia, de que, al darles mis valores, les di el mayor de todos los dones: la libertad. Para mí, nunca habrá mejor recompensa que ser capaz de mirar a mis hermosas hijas y decirles: «Wafah, Najia, Noor, sois libres de vivir las vidas que queráis vivir y, por encima de todo, sois libres de ser lo que queráis ser».

AGRADECIMIENTOS

Quisiera expresar mi más profunda gratitud y amor a

Mis hijas Wafah, Najia y Noor, por su inconmensurable valor y por la fuerza y el apoyo que me demostraron durante estos largos años de lucha. A pesar de las épocas oscuras que tuvieron que atravesar, se las han arreglado para convertirse en hermosos seres humanos.

Mi madre, que siempre me hizo sentir querida.

Mary Martha Berkley, que siempre está aquí para mí. Mi vida habría sido mucho más pobre sin su ejemplo.

Thomas, quien prodiga amor y apoyo incondicional para mis hijas.

Frédéric Marti, cuya comprensión, talento y tenacidad me ha permitido quedarme con mis hijas.

Peter Lilley, quien creyó en mí desde nuestro primer encuentro.

Pierre Alain Schmidt, quien ha tenido el valor de defender mi caso y de estar a mi lado, aun cuando parecía que no había esperanzas.

Trabajar en este proyecto me ha permitido conocer a dos personas fantásticas: Susana Lea y Ruth Marshall, cuya paciencia y apoyo han sido impagables. Sé que serán parte de mi vida para siempre.

Y, por supuesto, quisiera expresar mi especial cariño y agradecimiento a mis amigos, que han estado ahí, incluso en las épocas más difíciles: Sabine y Matthias Kalina; Lois, John y Shelton West; Ula Sebag; Géraldine, Ulrika, Carlos y Guillaume.